AF449809

Editorial
NUN

La persona en la empresa y la empresa en la persona

Fundamentos teóricos para un estudio filosófico de la empresa en perspectiva antropológica

<table>
<tr><td align="right">Catalogación de obra</td></tr>
</table>

Ruiz González, Carlos

La persona en la empresa y la empresa en la persona
1a. edición, 2021

ISBN versión impresa: 978-607-99201-7-3
ISBN versión digital: 978-607-99201-9-7

Editorial Notas Universitarias, S. A. de C. V.
Impreso en Ciudad de México

Formato: 15 × 21 cm

206 pp.

Editorial NUN

Es una marca de la Editorial Notas Universitarias, S. A. de C. V.

Xocotla 17, Tlalpan Centro II, alcaldía Tlalpan,
Ciudad de México, C. P. 014000

www.editorialnun.com.mx

Versión impresa, ISBN: 978-607-99201-7-3
Versión digital, ISBN: 978-607-99201-9-7

Dirección editorial y diseño de portada: Miryam Meza Robles
Corrección de estilo: Óscar Díaz Chávez
Cuidado editorial: Felipe G. Sierra Beamonte
Diagramación: Daniel Prisciliano Estrella Alvarado

Impreso en México

La persona en la empresa y la empresa en la persona

Fundamentos teóricos para un estudio filosófico de la empresa en perspectiva antropológica

Carlos Ruiz González

Con la colaboración de Mariana Flores Rabasa

ÍNDICE

Conclusiones   191

Referencias   201

Agradecimientos

En primer lugar, quisiera agradecer a mi editora, Mariana Flores Rabasa, que con paciencia y mucho empeño me acompañó en la labor de volcar mi tesis doctoral en un libro que expusiera con claridad las bases filosóficas que la sustentan, cuidando con atención su edición. Un trabajo que no fue sencillo y que Mariana enfrentó con serenidad y aplomo.

Este libro nunca hubiera visto la luz si no fuera por la insistencia de mi maestro y amigo, el Dr. Fernando Múgica Martinena, quien se empeñó en que las ideas y modelos expuestos en mi tesis doctoral quedaran plasmados en un texto que pudiera compartirse con otros. Un gran maestro, siempre preocupado por las personas. Sus muchos discípulos, entre los que orgullosamente me cuento, atestiguan los resultados de su labor como formador. Para mí ha sido un privilegio conocerlo y contarme entre sus amigos.

Al Dr. Alberto Ross, quien me manifestó su interés de publicar este trabajo en su naciente proyecto editorial, Notas Universitarias, lo cual me pareció estupendo; agradezco mucho su interés en el libro y también que haya escrito el prólogo; para mí representa un inmerecido reconocimiento a las ideas expresadas en esta obra.

Como los lectores sin duda se darán cuenta, este libro está basado en muchas de las ideas de quien fuera mi maestro, amigo (y además codirector de mi tesis), el Dr. Carlos Llano Cifuentes. A 10 años de su partida no sobra decir que lo extrañamos; nos hace mucha falta. Aquí se aplica con mucha precisión la frase de Bernardo de Chartres, filósofo neoplatónico, canciller precisamente de la bellísima catedral de Chartres de 1117 a 1124: "Somos como enanos a los hombros de gigantes. Podemos ver más, y más lejos que ellos, no por la agudeza de nuestra vista ni por la altura de nuestro cuerpo, sino porque somos levantados por su gran altura". Creo que es una frase que se aplica muy certeramente a quienes seguimos al Dr. Llano.

Finalmente, soy un hombre de familia, y a la mía siempre le he agradecido su apoyo y comprensión. Reconozco por tanto el sostén de mis hijos Carlos y Pili, no sólo en el proceso de elaboración de este libro, sino también en toda mi vida. En cuanto a Nora, mi esposa, tengo la certeza de que no sería lo que soy sin su constante apoyo e interés en mí, lo cual agradezco de corazón.

Prólogo

El filósofo mexicano Carlos Llano decía que ser original no es simplemente pensar o actuar de modo distinto del resto de las personas. La originalidad implica algo más, pues conlleva conocer algo desde su origen, remontarnos a sus principios y repensar personalmente desde ellos. Sin duda, el libro de Carlos Ruiz refleja muy bien este sentido de la originalidad, pues nos ofrece una obra que despliega una reflexión filosófica acerca de un fenómeno complejo, pero también muy relevante para nuestra época: la empresa. El presente texto aborda esta realidad contemporánea a la luz de los principios de la filosofía clásica, lo cual dota de una indiscutible actualidad tanto a su marco de referencia como al objeto estudiado.

Los libros sobre teoría de la empresa y *management* no escasean en nuestros días. Encontramos obras tanto académicas –sobre todo, desde el ámbito de las ciencias sociales–, como de divulgación. Sin embargo, lo original y lo novedoso del presente libro es que se trata de un estudio hecho desde el ámbito de la filosofía práctica. De esta forma, el texto de Carlos Ruiz se inserta en una vía de reflexión sobre el humanismo y la empresa que fue inaugurada en México hace algunas décadas por el filósofo Carlos Llano.

El estudio aquí presentado lleva de la mano al lector por los distintos desafíos que presenta la reflexión filosófica acerca de la empresa. En primer lugar, el autor nos ofrece una justificación de la necesidad de hacer este tipo de aproximaciones al mundo de las organizaciones. Carlos explica las dificultades a las que nos enfrentamos ante esta clase de reflexión interdisciplinaria y defiende con buenas razones su viabilidad y conveniencia. En consonancia con ello, el libro continúa con una exposición de los fundamentos teóricos de una aproximación filosófica en clave antropológica al estudio de la empresa y su dirección.

El análisis de Carlos Ruiz nos presenta al trabajo como un cierto tipo de *prâxis* y, por tanto, nos explica el papel que desempeña en la formación del carácter, la autorrealización humana y la felicidad. La empresa, por su parte, es abordada como una comunidad en sentido aristotélico y, por ende, como un espacio para el despliegue de las virtudes y para la realización personal. Esto permite que el autor reflexione sobre la naturaleza del *management* y su relación con la antropología filosófica, lo cual nos aporta elementos muy valiosos para comprender mejor el estatuto de esta disciplina y un modelo de evaluación al respecto.

La reflexión de Carlos Ruiz desemboca, finalmente, en la formulación del principio del *valor humano agregado* que sintetiza su aportación al debate contemporáneo sobre el tema. El autor concluye, a partir de estos elementos, que cuando la empresa no logra cumplir satisfactoriamente con la vocación antropológica que le es inherente, entonces corre el riesgo de autodestruirse. La comprensión del alcance de esta afirmación supone una lectura cuidadosa del libro y una atención especial a los argumentos desarrollados a lo largo de sus páginas.

El presente libro acercará a los filósofos hacia un mejor entendimiento del mundo de la empresa y ayudará a que los empresarios se acerquen a la filosofía y a una comprensión de su propia actividad desde un horizonte más amplio. Sin duda, el diálogo que se suscite entre la comunidad académica y el mundo empresarial a partir de la lectura de esta obra será muy interesante y muy fecundo para todos los participantes en la discusión. Ojalá que esto repercuta en un acercamiento entre ambos mundos y más trabajos colaborativos entre ellos sobre la materia en cuestión.

Alberto Ross
Ciudad de México, marzo de 2021

Prefacio

El presente libro constituye, sustancialmente, la primera parte de mi tesis de doctorado, defendida en 2012 en la Universidad de Navarra.[1] Originalmente, dicho trabajo estaba constituido por dos grandes partes: una, eminentemente teórica, tuvo como objetivo desentrañar los conceptos antropológicos clave para construir un modelo a partir del cual fuera posible analizar la creación de *valor humano agregado* (VHA) como criterio para abordar antropológicamente la realidad de la empresa; otra, de carácter más bien práctico, tuvo en su propósito el análisis de algunas de las principales corrientes o escuelas de *management* del siglo XX para evaluarlas a la luz de dicho modelo.

Como puede preverse, y considerando el tiempo que separa la defensa de mi tesis respecto de la presente publicación, no se trata de una simple reimpresión de esas ideas. El tiempo me ha dado la oportunidad de madurarlas aún más y de profundizar en ellas, así como de pulir algunos cabos sueltos que inevitablemente siempre quedan en los escritos de este tipo. Por otra parte, y debido a la extensión del trabajo original, también las he separado, mas no desvinculado, de la segunda parte de la tesis original, pues cada una es una propuesta sólida interesante y que tiene sentido por

---

1 Carlos Jorge Guillermo Ruiz González, *Elementos para una filosofía de la empresa en perspectiva antropológica; El Valor Humano Agregado a la luz de diversas teorías sobre la empresa*, tesis doctoral, director de tesis: Prof. Dr. Fernando Múgica Martinena, Universidad de Navarra, Facultad de Filosofía y Letras, Departamento de Filosofía, Pamplona, España, 2012, defendida el 17 de abril de 2012.

sí misma. En cualquier caso, espero tener la oportunidad de publicar la segunda parte más adelante.

Por lo pronto, en este texto me centraré con mayor profundidad en las bases filosóficas que me permitieron enriquecer esta teoría sobre el *valor humano agregado*, propuesta que retomo tanto de Antonio Valero como de Carlos Llano, a la luz de la antropología filosófica de corte clásico. Se trata de una reflexión profunda sobre una realidad que, desde mi quehacer cotidiano como profesor durante más de 40 años en el IPADE, considero que no puede dejarse de lado: la persona en la empresa y la empresa en la persona, idea central sobre la que orbita el presente trabajo, y que le ha dado título a este libro.

Introducción

1. Justificación de la necesidad de una aproximación filosófica al estudio de la empresa

Uno de los temas que ha generado una gran cantidad de literatura desde finales del siglo XIX hasta nuestros días es el de la empresa, particularmente enfocada desde el punto de vista de su gestión. Aquí, como en cualquier otra materia, existen autores más reconocidos que otros; unos son más pragmáticos, otros más teóricos. Hay quienes escriben desde su propia experiencia con el fin de transmitir algunos consejos útiles, mientras que otros aportan los conocimientos construidos como investigadores universitarios o como consultores. Generalmente, estos últimos son quienes poseen mayor autoridad en el tema, por lo que reciben el término coloquial de *gurús*, pues, en analogía con los maestros espirituales hindúes, sus propuestas, aparentemente novedosas, son capaces de conducir al éxito a los encargados de guiar una organización económica cualquiera.

Igualmente, el campo general de la administración, cuya aportación conforma la columna vertebral de las organizaciones, ha presenciado una profesionalización y especialización sin precedentes. Entre los conocimientos que forman parte del *curriculum* de cualquier estudiante del área económico-administrativa en el ámbito profesional se encuentran aquellos relacionados con finanzas, estadística, mercadotecnia, cálculo, derecho, economía e, incluso, ética profesional; situación que también se verifica en el caso de las ingenierías. A lo largo del tiempo, toda esta cantidad de información ha sido acumulada de tal manera que ha llegado a formar una disciplina con vida y objetivo propios. Esto ha permitido que, a diferencia de hace dos centurias, actualmente cualquier persona que desee participar en la cuestión administrativa y/o directiva de una empresa cuente con las herramientas necesarias –llámese conocimientos, métodos, competencias, técnicas y habilidades bien establecidas y delimitadas– que lo guiarán para tomar mejores decisiones en su respectiva organización.

Sin embargo, la empresa posee una dimensión que, a diferencia de su faceta lucrativa, apenas ha tomado relevancia en los últimos tiempos. Me refiero a su aspecto antropológico, sin el cual su función económica carecería de sentido. Una mirada atenta pone de manifiesto que la empresa, construida sobre la base del capital, el trabajo y los recursos materiales, ha ocupado una función protagónica en la vida de las sociedades actuales, no sólo como pieza decisiva para el equilibrio de las economías nacionales –e internacionales–, sino también como vehículo para el desarrollo personal y el progreso social. En efecto, su papel ha trascendido el ámbito de lo puramente económico para hacer eco en la dimensión personal e íntima de quienes trabajan en ella, al promover la trascendencia en el tiempo y el espacio del esfuerzo individual, mientras da cauce a algunas de las aspiraciones humanas más íntimas, articulando fines y objetivos particulares en proyectos de alcance regional o global vitalmente significativos.

Además, muchos y distintos talentos individuales han encontrado en la empresa el soporte adecuado para su despliegue y perfeccionamiento, así como un vehículo seguro para incidir positivamente en otros, sin mencionar que algunos de los retos más acuciantes de la época contemporánea, tales como una adecuada gestión del conocimiento, el desarrollo y aplicación de nuevas tecnologías o el compromiso con la racionalización o reducción del deterioro ambiental sólo pueden ser afrontados mediante la conjunción organizada de talento y virtud que pueden encontrar en la organización empresarial un fértil campo de cultivo.

En resumen, la empresa se ha constituido en una de las instituciones más importantes, influyentes y definitivas de nuestros tiempos, y su indiscutible rol en el desarrollo económico, social, cultural e incluso personal de quienes conforman las sociedades actuales me lleva a proponer la necesidad de abordarla desde una perspectiva filosófica que, más allá de los retos de índole estructural y económico a los que se enfrenta cotidianamente, indague en las posibilidades de plenitud que, mediante su trabajo, puede encontrar el ser humano en ella. Parafraseando el concepto de *vita activa* de Hanna Arendt, en analogía con la antigua *polis* griega, la empresa también puede ser un lugar para llevar a cabo grandes acciones y pronunciar grandes palabras, mediante las cuales la persona se manifieste a sí mismo y muestre activamente su única y personal identidad, haciendo su aparición en un mundo auténticamente humano. La revelación de las distintas y numerosas capacidades humanas en el quehacer cotidiano del trabajo reclama a la empresa la responsabilidad de convertirse en un foro apropiado que no sólo posibilite dicha manifestación, sino que, más aún, la empuje y aliente.

La propuesta principal de esta obra radica, pues, en sostener que, más allá del *valor económico agregado* que siempre la ha impulsado como motor principal, la empresa también es capaz de generar *valor humano agregado* para quienes laboran en ella. Esto es, las posibilidades de aprendizaje y desarrollo que la empresa ofrece, así como su dinamismo y estructuración, puede otorgar a sus trabajadores una ganancia no sólo económica sino personal en el sentido más profundo de la palabra, al ser una plataforma para desplegar, de forma organizada y articulada, sus capacidades intelectuales, morales, sociales y técnicas, y llevar a plenitud los talentos dados por la naturaleza en favor tanto del propio individuo como del bien común. Carlos Llano, gran mentor, y de quien echaré mano continuamente a lo largo de este trabajo, no lo puede expresar mejor:

> de nuestra parte, somos partidarios de incluir a la empresa dentro de los ámbitos principales en los que se desarrolla el carácter del hombre. Y, esto, por varios motivos. No es el menos importante el hecho de que la empresa ha adquirido en el mundo contemporáneo una legitimidad

e importancia decisivas: la incorporación del capitalismo por parte de los países del Este de Europa ha puesto en manos de la empresa privada responsabilidades nuevas que debe encarar: una de ellas es, precisamente, la de la educación laboral de los ciudadanos, que incluye sin duda la formación de las personas.[1]

Este trabajo constituye, por tanto, una indagación filosófica sobre las posibilidades antropológicas de esta propuesta.

2. Algunas dificultades

La consecución de esta finalidad como una tarea propia e irrenunciable no es sencilla ni mucho menos obvia para la gran mayoría de los empresarios de nuestro país ni del mundo. Además, una propuesta de este tipo, por demás ambiciosa, y por ello arriesgada, no se encuentra libre de obstáculos que sin duda han retrasado y entorpecido la discusión que ahora se propone. En primer lugar, parecería que la filosofía, disciplina teorética por antonomasia, poco o nada tiene que ver con la empresa, cuyos fines y métodos parecen guiarse únicamente por juicios de carácter pragmático o utilitarista. Mientras el nivel abstracto de una actividad como la filosofía se enfoca en las causas y principios generales del ser, la estructura, finalidad y operación de la empresa parece provenir exclusivamente de conocimientos concretos y bien delimitados a su propia función. Esta total asimetría entre ambas entidades pronto desafía la necesidad, e incluso la posibilidad, de abordarla filosóficamente.

Ciertamente, al examinar un poco las causas de esta aparente incompatibilidad es posible enfrentarse con cierta actitud de rechazo o indiferencia hacia el tema por parte de la comunidad académica. Es un hecho que para la mayoría de los círculos de estudiosos más reconocidos en filosofía –llámese instituciones de educación superior, asociaciones filosóficas,

---

1   Carlos Llano, *Análisis de la acción directiva*, México, Limusa Noriega Editores, 1996, p. vii.

facultades, etc.–, el mismo compuesto "filosofía de la empresa" resulta por completo ajeno o, en todo caso, refiere en un sentido casi equívoco, a los principios constitutivos que supuestamente rigen una empresa en particular.[2] A reserva de falsear nuestra tesis mediante algunos contraejemplos, actualmente, al menos en nuestro país, no es posible hallar algún proyecto académico de especialización o investigación en el área; igualmente, las discusiones sobre el tema se caracterizan por su poca relevancia o completa ausencia en los congresos filosóficos nacionales, seminarios, jornadas, revistas y otros espacios de discusión y divulgación.

En este sentido, resulta significativo el reducido número de filósofos y pensadores que han dirigido su atención al fenómeno de la empresa desde un ángulo que vaya más allá del establecimiento de hipótesis para lograr mejores niveles de ingreso, u organizaciones más eficientes, para inquirir de modo más profundo en los principios antropológicos fundamentales que subyacen en su estructura. Lo anterior no significa que el problema se encuentre excluido completamente del horizonte filosófico, pues actualmente es posible encontrar una respetable cantidad y calidad de producción escrita al respecto, y prueba de ello es la extensa obra de quien fue el primer director de la tesis que daría origen a este manuscrito, Carlos Llano,[3] o el propio Instituto de Humanismo y Empresa perteneciente a la Universidad de Navarra, España, cuya labor docente e indagatoria también constituye un precedente importante. Pero más allá de estas excepciones, sospechamos, en última instancia, que el motivo del poco desarrollo de un programa de este talante se debe a ciertos prejuicios en torno al cariz predominantemente mercantil y lucrativo que caracteriza a la empresa y que se opone a la condición particularmente contemplativa y especulativa de la filosofía.

---

2   Con esto queremos decir que cuando una empresa cualquiera afirma sostener cierta "filosofía", ésta se reduce, en la mayoría de los casos, a una breve y en ocasiones poco profunda descripción de los valores que la caracterizan.

3   En México son muy pocos los autores que se han dedicado a escribir sobre el tema de la empresa desde una perspectiva filosófica. En el ámbito internacional es posible encontrar mayores ejemplos entre los que se encuentran Adela Cortina, Robert Solomon, Rafael Alvira, Juan Antonio Pérez-López, Pablo Cardona, Alberto Ribera y Josep Rosanas.

En un breve recorrido por el desarrollo de la filosofía occidental en torno al tema del trabajo *productivo*,[4] acción primordial sobre la cual se forja la empresa, podemos percatarnos del poco interés que éste ha generado como motivo de investigación, particularmente hasta antes de la llamada Revolución Industrial. Así, por ejemplo, sabemos que Platón, en una jerarquización de los ciudadanos de la *polis* de acuerdo con su tipo de alma, defendía que los encargados de satisfacer las necesidades surgidas de la vida corriente tenían alma de bronce, mientras que aquellos encargados de gobernar –estirpe a la cual pertenece el filósofo rey– tenían alma de oro.[5] Por su parte, Aristóteles,[6] quien también distinguía entre actividades libres y serviles, desdeñaba estas últimas porque "inutilizaban al cuerpo, al alma y la práctica de la virtud".[7] Este rechazo por las actividades de carácter "económico"[8] también era moneda corriente durante la Edad Media, época en la que los "asuntos lucrativos" eran menospreciados en beneficio de cuestiones relativas a la vida religiosa, académica o pública,[9] de manera que el

---

4   Cuando hablamos de *productivo* nos referimos a cualquier trabajo que produce cosas, ya sea materiales o intangibles, que tienen vida independiente del sujeto productor. En este sentido, la administración o la dirección de empresas también son trabajos *productivos* en tanto que *producen*, por ejemplo, la configuración de una organización. Este concepto quedará más claro en el primer capítulo de esta obra, al tratar el concepto aristotélico de *poíesis*.

5   Cfr. Platón *La República*, Madrid, Gredos, 1981, III, XX, 451a.

6   Cabe aclarar que Aristóteles sí hizo un estudio sobre el tipo de actividad que representaba el trabajo productivo al cual designa con el calificativo de *poiético* y que será objeto de investigación más adelante. Sin embargo, eso no excluye el poco aprecio que tuvo el estagirita por el trabajo manual, que se encuentra en condición de inferioridad respecto de la contemplación teórica y la actividad política. Cfr. Aristóteles, *Política*, Madrid, Gredos, 2000, III, 5, 1278a 3 y VII, 9, 1328b 3.

7   Cfr. *Ibid.*, VIII, 2, 1337b 9-15.

8   Utilizamos el término *económicas* en su sentido etimológico más primitivo, como el arte de administrar (νέμεωιν) un hogar o un patrimonio (οἶκος), y que en su sentido aristotélico se entiende como el "arte de utilizar" (Cfr. *Ibid.*, I, 8, 1256b 13-15).

9   En este punto seguimos parcialmente la tesis de Max Weber, para quien la incubación del sistema capitalista en los países de mayoría católica fue mucho más difícil debido en parte al cariz predominantemente "ascético" propio de la religión, que despreciaba el éxito mundano en beneficio de la vida contemplativa. Cfr. Max Weber, *La ética protestante y el espíritu del capitalismo*, Premia Editora, México, 1991, pp. 15 y ss. Aunque esta tesis weberiana ha sido ampliamente criticada debido a su carácter un tanto reduccionista –el *ethos* religioso protestante como explicación del surgimiento y preponderancia del sistema capitalista en gran parte de los países llamados occidentales–, nos parece un tanto acertada la idea de que el advenimiento del cristianismo, y su poderoso influjo, principalmente durante la Edad Media y el Renacimiento, influyeron decisivamente

aristócrata, el bachiller o el clérigo tenían un estatus social muy superior al del mercader o el negociante.

Un panorama muy diferente lo encontramos a partir del siglo XVI con el surgimiento del pensamiento económico mercantilista, preocupado por la preservación de la fuerza del Estado mediante el reforzamiento del mercado interno. Con el fin de asegurar la expansión de la riqueza de los príncipes o reyes, en el ámbito de lo público los valores religiosos comenzaron a ser poco a poco relegados, y las cuestiones morales relativas a la usura o la adquisición desmedida de riqueza perdieron vigor en favor de las "razones de Estado".[10] Desde entonces las prácticas políticas se separarían de las cuestiones éticas o morales,[11] y con el tiempo, este tipo de razonamiento también se trasladaría a las mismas materias económicas.

Los siglos XVII y XVIII se caracterizaron por las grandes revoluciones científicas e ideológicas que delinearon las pautas de la modernidad. Desde Copérnico hasta Newton, desde Diderot hasta Voltaire, desde Descartes

---

en la jerarquización de los fines considerados como valiosos, respecto de los cuales quedaron rebajadas las cuestiones mercantiles, calificadas como "mundanas". Esta postura también explicaría en parte el nulo avance que hubo en cuestiones relacionadas con la administración durante aquellas épocas, de lo cual se queja por ejemplo Claude S. George, en su libro *History of Management Thought*: "Durante la época medieval no se escribió virtualmente ningún libro concerniente a los conceptos de administración. Esto no es sorprendente cuando nos detenemos a considerar el ambiente, los autores y sus factores. El pueblo vivía bajo condiciones hostiles [...]. Quienes escribían eran escribas, miembros de órdenes religiosas, o líderes instruidos de la corte. Los libros fueron laboriosamente escritos a mano y sólo los conceptos más importantes fue valioso registrarlos bajo esas tediosas y penosas circunstancias. Los temas típicos incluyeron la religión, el gobierno del reino, las empresas bélicas y las leyes de la tierra [...]. No se le dio alta prioridad al arte de la administración, a pesar de su importancia para cada uno de esos grupos [...]. No es sorprendente, bajo esas circunstancias, que pocos o ningún escrito sobre administración se realizara durante ese periodo". Claude George, Lourdes Álvarez, *Historia del pensamiento administrativo*, México, Pearson Education, 2005, p. 27.

10 Friedrich Meinecke define la razón de Estado de la siguiente manera: "Razón de Estado es la máxima del obrar político, la ley motora del Estado. La razón de Estado dice al político lo que tiene que hacer, a fin de mantener al Estado sano y robusto. Y como el Estado es un organismo, cuya fuerza no se mantiene plenamente más que si le es posible desenvolverse y crecer, la razón de Estado indica también los caminos y las metas de este crecimiento... La 'razón' del Estado consiste, pues, en reconocerse a sí mismo y a su ambiente y en extraer de este conocimiento las máximas del obrar". Friedrich Meinecke, *La idea de la razón de Estado en la Edad Moderna*, Madrid, Centro de Estudios Constitucionales, 1983, p. 3. Esta idea se atribuye originalmente a Maquiavelo, fundador de la filosofía política moderna, quien sostenía la autonomía de lo político respecto de lo ético y lo moral. Cfr. Felipe Giménez Pérez, "La Razón del Estado en Maquiavelo y el antimaquiavelismo español y particularmente en Quevedo", en *El Catoblepas, Revista Crítica del Presente*, núm. 13, 2003, p. 19.

11 Cfr. Nicolás Maquiavelo, *El príncipe*, México, Porrúa, 2003, particularmente capítulo XVIII.

hasta Kant, la preocupación de la ciencia y la filosofía se tornó hacia el hombre y su condición racional, capaz de combatir la ignorancia, la superstición y la tiranía, para conducirlo hacia un progreso perpetuo: "*Sapere aude!* ¡Ten el valor de servirte de tu *propia* razón!: he aquí el lema de la Ilustración".[12] Las preocupaciones intelectuales, políticas, sociales y culturales de aquella época recayeron sobre la posibilidad de llevar a cabo el proyecto ilustrado. En ese ambiente fue posible el surgimiento de la economía política como ciencia moderna, gracias a las aportaciones de los fisiócratas (cuya doctrina queda bien resumida en la conocida expresión *laissez faire*), y sobre todo del liberalismo de Adam Smith y su obra *La riqueza de las naciones*.

Uno de los principales temas tratados en ese libro, emblemático para el sistema económico capitalista posterior, y por ende para la historia de la empresa como institución cardinal, es el de la división del trabajo y su capacidad para crear riqueza. El trabajo se concibe además como la fuente de propiedad, pues de acuerdo con filósofos como John Locke, Dios ha ofrecido el mundo a los seres humanos y por tanto cada hombre es libre de apropiarse de aquello que sea capaz de transformar con sus manos.[13] Esta corriente de ideas ocasionó una glorificación teórica del trabajo, pues éste, incorporado al producto, constituía ahora la fuente de propiedad y de valor. De esta forma, el papel del trabajo productivo quedó reivindicado y su poderoso influjo como vehículo transformador de la sociedad fue sellado definitivamente con la Revolución Industrial, comenzada en Inglaterra hacia la segunda mitad del siglo XVIII.

Sin embargo, el conjunto de transformaciones socioeconómicas, tecnológicas y culturales devenidas, al tiempo que impulsaron el desarrollo de las industrias modernas y la manufactura, también se enfrentaron a nuevos retos de carácter social. El éxodo masivo del campo a las ciudades, aunado a un considerable aumento de la riqueza de éstas (que fundamentalmente se tradujo en una mejor alimentación y el mejoramiento de las condiciones

---

12 Inmanuel Kant, "¿Qué es la Ilustración?", *Filosofía de la historia*, México, Fondo de Cultura Económica, 2006, p. 25.

13 Cfr. John Locke, *Segundo Tratado del Gobierno Civil*, Madrid, Alianza Editorial, 1990, capítulo V, sección 25 y ss.

higiénicas y sanitarias), implicó un crecimiento demográfico sin precedentes en la historia de Europa. El capitalismo triunfante logró transformar una sociedad rural, tradicional y agrícola en una sociedad industrial y urbana, que no se libró de nuevos retos. La gran mayoría de los obreros, llegados por miles para amontonarse en los suburbios de las grandes ciudades industriales, vivía en condiciones miserables y sin trabajo garantizado. Las epidemias de tifus o cólera abundaban, las condiciones laborales eran en general muy malas y las jornadas demasiado extensas (12 a 14 horas diarias), sin mencionar que incluían el trabajo de mujeres y niños de muy corta edad, carentes de toda protección legal.

Frente a esta paradójica situación de pobreza y precariedad comenzaron a surgir críticas y fórmulas que intentaron ponerle solución. Una de las más sobresalientes, debido a su profunda influencia filosófica, ideológica y política, cuyo eco aún resuena en nuestros días, fue el llamado "materialismo histórico", de Carlos Marx, el cual presupone una interpretación de la historia en la que las fuerzas económicas constituyen la infraestructura que determina en última instancia los fenómenos "superestructurales" del orden social, político y cultural. Desde esta perspectiva, el *trabajo* llevado a cabo en un sistema capitalista es degradado, según Marx, a una actividad "enajenante", pues éste no le pertenece al trabajador, quien tiene que sacrificar la energía de su espíritu y la fuerza de su cuerpo en beneficio de otro.[14] Su consecuencia más palpable sería a la postre la instauración de los regímenes comunistas, que teóricamente se propusieron la abolición de las clases

---

14   "¿En qué consiste, entonces, la enajenación del trabajo? Primeramente, en que el trabajo es *externo* al trabajador, es decir, no pertenece a su ser; en que en su trabajo, el trabajador no se afirma, sino que se niega; no se siente feliz, sino desgraciado; no desarrolla una libre energía física y espiritual, sino que mortifica su cuerpo y arruina su espíritu. Por eso el trabajador sólo se siente en sí fuera del trabajo, y en el trabajo fuera de sí. Está en lo suyo cuando no trabaja y cuando trabaja no está en lo suyo. Su trabajo no es, así, voluntario, sino forzado, *trabajo forzado*. Por eso no es la satisfacción de una necesidad, sino solamente un medio para satisfacer las necesidades fuera del trabajo. Su carácter extraño se evidencia claramente en el hecho de que tan pronto como no existe una coacción física o de cualquier otro tipo se huye del trabajo como de la peste. El trabajo externo, el trabajo en que el hombre se enajena, es un trabajo de autosacrificio, de ascetismo. En último término, para el trabajador se muestra la exterioridad del trabajo en que éste no es suyo, sino de otro, que no le pertenece; en que cuando está en él no se pertenece a sí mismo, sino a otro. [...] Pertenece a otro, es la pérdida de sí mismo." Carlos Marx, *Manuscritos económicos y filosóficos*, Biblioteca de Autores Socialistas [en línea], disponible en <http://www.ucm.es/info/bas/es/marx-eng/index.htm>, consultada el 29/07/19.

sociales y la apropiación de los medios de producción por parte de la única clase que históricamente persistiría, es decir, el proletariado.

Las críticas a la ideología anterior no se hicieron esperar; se enfocaron tanto en elementos concretos de la obra de Marx, como en las interpretaciones que de ésta hicieron las organizaciones políticas y los intelectuales socialistas o comunistas posteriores; empero, su preocupación se centró más bien en la moralidad o viabilidad de los nuevos sistemas económicos derivados de las distintas ramas de la ideología marxista, así como en el papel del Estado y su función reguladora. Por su parte, las naciones autodenominadas "capitalistas" se enfrentaron al reto de generar diversos mecanismos de control que impidiesen la explotación laboral en un sistema de libre mercado y proporcionar en cambio condiciones más dignas para el desempeño del trabajo.

Tanto el surgimiento del liberalismo económico como de su crítica marxista detonaron el interés por el estudio del tema del trabajo desde distintas perspectivas y disciplinas. Sin embargo, esta renovada atracción intelectual mantuvo en casi todas sus vertientes el mismo denominador común: una concepción meramente utilitaria. El trabajo es únicamente el medio para ganarse la vida y colocarlo como fin vital resulta perverso.

Hannah Arendt tiene una explicación plausible de esta actitud intelectual. El problema no radica tanto en la actividad del trabajo en sí misma como en "la generalización de la experiencia de fabricación en la que [se había establecido] la utilidad como modelo para la vida y el mundo de los hombres".[15] A juicio de Arendt, el *Homo faber*, que en la antigüedad clásica pertenecía al ámbito de lo privado, de la casa, se había trasladado al dominio de lo público, desplazando lo auténticamente político,[16] convirtiendo

---

15 Hannah Arendt, *La condición humana*, Barcelona, Paidós, 2005, p. 175.

16 Hannah Arendt distingue tres tipos de vida propuestos por Aristóteles, que no están sujetas a "la necesidad y las exigencias humanas": la vida dedicada a los placeres, la vida política y la vida contemplativa. En particular la vida política se desarrolla en la esfera pública, por lo que, al contrario de la vida privada, vive en el ámbito de libertad, que le permite articular grandes palabras y llevar a cabo grandes acciones frente a sus iguales. En cambio, la modernidad traslada el ámbito de la necesidad a la arena pública, trastocando lo que originalmente se concebía como político, es decir, lo público-libre. Cfr. *Ibidem*.

la vida en pura instrumentalización. La acción personal, base de la *polis* griega, que se manifiesta en forma de discurso o hazaña, queda relegada y es sustituida por el comportamiento económico de las masas, "sometidas [ahora] al imperio de lo impersonal, a las leyes necesarias de los grandes números, ante las que casi nada puede el discurso razonable o la acción libre. La política se convierte en administración y la filosofía política en economía política. Los acontecimientos sociales pierden su sentido humano".[17] Todo parece haber quedado mediatizado, los fines en realidad son medios para otros fines y el ámbito de lo público se ha diluido en el ámbito de lo social y lo económico. La vida contemplativa ha sido hipostasiada por la vida activa, y ésta, a su vez, ha quedado bajo el gobierno del *Homo faber,* con su afán de instrumentarlo todo. Ante este panorama no resulta extraño que el filósofo viera invadido su terreno; lo que él hace no es importante porque carece de utilidad. La estrategia defensora pareció ser el castigo del menosprecio, mediante el cual aún intenta resguardar su amor desinteresado por la sabiduría: consciente o inconscientemente parece subyacer la crítica marxista al trabajo, y por ende a la libre empresa como su herramienta por excelencia, como factor de enajenación humana, que no vale la pena ser estudiado, a riesgo de trivializarse con él.

Sin embargo, a la par de esta concepción instrumentalista, es posible encontrar otra tradición mucho más positiva, que sincrónicamente localiza su inicio en la encíclica *Rerum Novarum* del papa León XIII, escrita hacia finales del siglo XIX. Ahí se afirma que el castigo al pecado de los primeros padres no consistió en integrar el trabajo a la vida, sino en sumarle dolor al trabajo, pues "la realidad es que entonces su voluntad [la del hombre] hubiese deseado como un natural deleite de su alma aquello que después la necesidad le obligó a cumplir no sin molestia, para expiación de su culpa".[18] A diferencia de la perspectiva utilitarista anterior, en esta interpretación el trabajo queda concebido como actividad connatural al hombre, y

---

17 Alejandro Llano, "Hacia una teoría general de la acción", epílogo del libro Carné Doménech Melé, *Ética en el gobierno de la empresa*, Pamplona, EUNSA, 1996.

18 León XIII, *Rerum Novarum*, II.

no como castigo aberrante, añadido con posterioridad a la falta original. En el mismo tono leemos a Pío XI quien en *Quadragesimo Anno* afirma que "el hombre ha nacido para el trabajo como el ave para volar",[19] o a Pablo VI, para quien el trabajo es el medio de cumplir con el mandato bíblico de perfeccionar la tierra que nos ha sido dada.[20] Pero el culmen lo encontramos en la carta *Centesimus Annus,* de Juan Pablo II, donde no sólo se plasma un crecido interés por ahondar en la dimensión antropológica del trabajo, sino también se manifiesta, aunque brevemente, la enorme responsabilidad que recae en la empresa como institución social posibilitadora de aquél, en la mayoría de sus formas actuales:

> En efecto, la finalidad de la empresa no es simplemente la producción de beneficios, sino más bien la existencia misma de la empresa como *comunidad de hombres* que, de diversas maneras, buscan la satisfacción de sus necesidades fundamentales y constituyen un grupo particular al servicio de la sociedad entera. [...] La empresa no puede considerarse únicamente como una "sociedad de capitales"; es, al mismo tiempo, una "sociedad de personas", en la que entran a formar parte de manera diversa y con responsabilidades específicas los que aportan el capital necesario para su actividad y los que colaboran con su trabajo. Para conseguir estos fines, sigue siendo necesario todavía un gran movimiento asociativo de los trabajadores, cuyo objetivo es la liberación y la promoción integral de la persona.[21]

Este orden de ideas es el que ha inspirado en gran medida el contenido de esta investigación: si bien para muchos resulta difícil aceptar que el trabajo productivo es fuente de dignificación personal, vehículo para el desarrollo de las capacidades personales y, en suma, un medio para ensanchar el espíritu, el propósito de este estudio es mostrar que se trata de una

---

19   Pío XI, *Quadragesimo Anno,* 61.

20   Cfr. Pablo VI, *Populorum Progressio,* 22.

21   Juan Pablo II, *Centesimus Annus,* 35 y 43.

actividad indispensable, no sólo para garantizar la supervivencia de la humanidad en un sentido meramente material, sino más aún, para el despliegue de su condición racional, por lo que es necesario reconocer que se trata además de una labor fundamental, de una obligación moral y social devenida de nuestra propia naturaleza, indispensable para construir una vida plena y armónica. En consecuencia, la actividad económica en general –antes despreciada y relegada por algunos filósofos como actividad servil e inferior– se evidencia hoy como un instrumento relevante para alcanzar un objetivo superior: el desarrollo humano y social. Pero no sólo eso, si el trabajo productivo en todas sus vertientes actuales se ha erigido como la actividad más importante de nuestros tiempos, es preciso que las empresas contemporáneas asuman con plena conciencia la responsabilidad que tienen, pues al propiciar el trabajo en la mayoría de sus formas actuales, se han convertido en sitios de desarrollo e identificación social y personal.

Si las personas contemporáneas se revelan a si mismas en su trabajo, la empresa toma preeminencia al ser uno de los lugares más importantes donde de forma organizada se lleva a cabo dicha revelación. En consecuencia, el desarrollo de un programa sobre filosofía de la empresa y, en particular, sobre los principios antropológicos que subyacen a la empresa, como el que se propone en esta investigación, tiene como uno de sus principales objetivos llamar la atención sobre la necesidad de examinar filosóficamente no sólo el trabajo, sino también a la empresa moderna, y colocar ambos temas, así como todos aquellos relacionados, entre los nuevos problemas de interés especulativo.

Una revalorización de la importancia antropológica de la empresa permite, además, llamar la atención sobre un tercer obstáculo que posiblemente ha limitado el impulso de un proyecto como el que ahora nos proponemos desarrollar: en la actualidad, el papel de la filosofía respecto de la empresa se ha visto sumamente restringido al desarrollo de una pequeña área relacionada: la ética empresarial o la ética en los negocios, que en la mayoría de los casos se limita al estudio de los valores que deben orientar la acción de las organizaciones económicas, desarrollados muchas veces sobre suposiciones metafísicas y éticas no explicitadas, poco estructuradas o poco fundamentadas. Desde luego, resulta imposible negar la relevancia de este vínculo, que en todo caso debería ser más bien supeditación (de los principios de la empresa a los de la ética). Sin embargo, las especulaciones que la propia filosofía puede aportar a la empresa no se reducen únicamente a la enumeración de valores morales a los cuales ésta se debe atener. Por el contrario, el amplísimo bagaje teórico con el que cuentan sus representantes, su capacidad de análisis, así como su carácter dialógico, le acreditan como materia autorizada para examinar el fenómeno de la empresa desde una perspectiva mucho más amplia, que involucre especulaciones provenientes de la ética sí, pero también de la antropología filosófica, de la política e incluso de la metafísica.

3. Estructura general

Más allá de la necesidad de ir superando los obstáculos mencionados, el propósito de este libro es demostrar que existen múltiples formas en que la empresa puede ensanchar las capacidades humanas a través del trabajo, aportación que hemos denominado con el nombre de *valor humano agregado*. La propuesta es que tal variedad puede ser agrupada en tres rubros principales, que dan lugar a los tres capítulos que conforman esta obra. El primero de ellos, que será tema del primer capítulo, es el del ámbito moral o, mejor dicho, de la virtud. Atendiendo a la distinción aristotélica entre *poíesis* y *prâxis,* se argumentará que el trabajo no sólo es actividad productiva sino también acción autotransformadora. El fruto del trabajo es extrínseco al agente que lo produce y también posee una dimensión metamórfica que incide en quien lo realiza, pues el fortalecimiento de la experiencia profesional particular produce mejores resultados externos y simultáneamente exige un cambio disposicional del sujeto como principio de acción, que habitualmente ejercido deviene en virtud. En otras palabras, una labor eficaz y fructífera sólo es posible si se acompaña del cultivo de hábitos buenos que sean capaces de transformar a su agente desde una perspectiva caracteriológica más íntima y vital. Los griegos bautizaron tal clase de hábitos con el nombre de *virtudes*, de modo que la formación del carácter es sinónimo de la formación de virtudes que permitan este señorío sobre sí y para el cual, además de la voluntad del sujeto, se requiere un entorno favorable que lo facilite y aliente. Y aunque la familia es la primera encargada de esta formación, la empresa, en tanto sociedad intermedia, no puede quedar excluida de dicha tarea. En consecuencia, el primer ámbito en el que la empresa puede ser formadora de hombres y aportarles valor es en su capacidad para desarrollar un ambiente propicio en el que sus miembros puedan forjar su carácter mediante el ejercicio de la virtud que exijan sus labores, de cara a la plenitud.

Dado que la mayoría de las virtudes perfeccionan aquellas acciones que están orientadas hacia los demás, este ámbito reclama como consecuencia natural la consideración de la empresa desde una perspectiva social, en tanto que es propicia para el reconocimiento interpersonal y también, por qué no decirlo, para la amistad. No debe perderse de vista que su subsistencia depende de la coordinación y conjugación de las ideas, aspiraciones y deseos de muchas personas, hacia la consecución de una meta común, en la que cada uno de los involucrados vea realizada, simultáneamente, sus metas individuales. Si la vida laboral no es una parte aislada de los intereses y necesidades humanos sino su continuación, la empresa también posee la misión de articularlos e integrarlos con sus propios fines, en aras de crear riqueza y servir a la sociedad de forma sostenida.

Con el fin de que la empresa concilie los fines organizacionales que le dan sentido con los fines particulares de quienes participan en ella, es importante que desarrolle un *ethos* propio en ese sentido. Es decir, una cultura organizacional tal que, sin desatender la especificidad de su actividad, no sea ajena a la naturaleza propia de su principal componente, que es el hombre junto con su deseo de autorrealización en un sentido no sólo profesional sino personal. Este conjunto de valores, vividos en el *ethos* de la organización, bien pueden constituir el nuevo norte ético con el que el ser humano contemporáneo se guíe, y lograr así, la seguridad de tener una identidad moral, vivida en común, en su interior. La exploración de esta posibilidad es abordada en el segundo capítulo.

Pensamos que la empresa también es capaz de generar *valor humano agregado* al ser un elemento imprescindible de las sociedades contemporáneas para la generación de conocimiento. Al funcionar como un instrumento que permite canalizar adecuada y eficazmente algunos de nuestros rasgos más racionales, tales como nuestra capacidad de imaginar, planear, delinear y ejecutar proyectos comunes que superan el beneficio personal para aspirar al bien de la sociedad, la empresa se convierte en un espacio ideal para que quienes participan en ella no sólo tengan acceso al conocimiento y aprendizaje continuo y permanente, sino que, además, en un círculo virtuoso, lo promocionen. Tanto en las empresas como en las universidades recae la tarea de dar el impulso necesario a las nuevas ideas en todos los ámbitos. Para satisfacer necesidades se requiere generar cada vez mejores ideas y hallar soluciones más eficaces. Las empresas son organizaciones que precisamente cuentan con plataformas tecnológicas y humanas capaces de materializar todas estas propuestas y dotarlas de realidad en la solución de las necesidades de la sociedad para cumplir muchos de los sueños que para hombres y mujeres de otras épocas parecían entonces inalcanzables.

En este orden de ideas, es posible afirmar que la empresa toma un cariz antropológico cuando considera la generación de conocimiento como una responsabilidad inherente a su labor. Como dice Aristóteles, no basta saber qué es lo que se hace, es decir, la experiencia, sino saber las causas de por qué se hace, esto es, la técnica y la ciencia. Un *management* que se enfoque no sólo en la experiencia acrecentada por los retos cotidianos, sino en su capacidad para generar conocimiento, reflexionando en las causas de lo que se hace, ya sea para mejorar procesos, ya sea para innovar o crear, permite desplegar la condición racional del hombre, tal como mostraremos en el tercer capítulo.

Cabe destacar que el desarrollo teórico de estos supuestos sobre los cuales puede medirse la creación de *valor humano agregado* están cimentados sobre algunos conceptos de raíz predominantemente clásica, tal como se irá desvelando a lo largo de este libro. Con la ética y la política aristotélica, así como con su revitalización cristiana llevada a cabo por Tomás de

Aquino, compartimos una gran cantidad de presupuestos metafísicos de gran relevancia. Son sus conceptos e ideas los que nos han permitido desarrollar los aspectos desde los cuales puede afirmarse que la empresa juega una dimensión antropológica importante. En concreto, hemos retomado tres ideas fundamentales desarrolladas en la *Ética nicomáquea*, en la *Política*, de Aristóteles y en la *Metafísica*: la primera de ellas es que el hombre sólo puede alcanzar su felicidad mediante el ejercicio de la virtud; la segunda es que el ejercicio de la virtud se vive y se promueve en el interior de las comunidades sociales que incluyen desde la familia hasta la *polis*, pasando sin lugar a dudas por la propia empresa, y la tercera es que la virtud más importante es la del conocimiento como alimento propio de la dimensión racional de la persona.

Sin embargo, no podemos negar que también han surgido algunas contrariedades con ciertas ideas políticas y económicas aristotélicas. Adelantándonos un poco, éstas giran en torno a la comprensión y distinción entre los hábitos de la *poíesis* y la *prâxis*, así como sobre las comunidades en las que el ser humano puede encontrar la "vida buena" y que, a nuestro parecer, van más allá de la mera comunidad política, o *polis*; además, la complejidad de la economía moderna exige una reevaluación crítica de algunas ideas aristotélicas acerca del tema del lucro y el intercambio comercial. Desde luego, está de sobra expresar nuestro desacuerdo en torno a las ideas referentes a la esclavitud natural, así como a la rígida jerarquización política que prevalece en la filosofía política del estagirita en detrimento de muchas personas, quienes a su juicio no merecen la ciudadanía como atributo a pesar de sus aportaciones. Al contrario, ello ha sido motivo para desarrollar una estrategia de pensamiento más renovada, aunque, como ya se dijo, partiendo de las bases fundamentales ya mencionadas. Esperamos que la reconsideración de estas ideas quede debidamente justificada a lo largo del texto.

Una vez que el propósito del presente estudio ha quedado explicitado, cabe hacer una última aclaración: el modelo que planteamos para evaluar nuestro objetivo pretende ser una herramienta útil para poder obtener un mayor conocimiento de la empresa como institución compleja, donde confluyen por igual aspectos económicos y antropológicos; pero también para poder intervenir positivamente en ella. En este sentido, la relación con la filosofía tiene una direccionalidad recíproca, pues por un lado se trata de utilizar algunos términos filosóficos en el estudio de la empresa, y por otro, también de extraer conclusiones especulativas relevantes. En otras palabras, se busca analizar la empresa con categorías que nos permitan comprender y poner a la luz su realidad ontológica, así como su relevancia no sólo social sino también y, sobre todo, antropológica, a la vez que extraemos algunas consecuencias filosófico-antropológicas importantes a partir de sus fines y funciones, que nos permitan comprender mejor al hombre moderno, para quien el trabajo se realiza predominantemente en dichas instituciones. Pero no sólo eso. El propósito de esta investigación no se reduce únicamente al deseo de una mayor comprensión del fenómeno de la empresa en términos filosóficos, sino también, y más importante aún, a que dicha comprensión sirva como guía para construir mejores empresas, unidades económicas de producción y distribución de bienes y servicios que sean más acordes con sus elementos y fines propios. Así, queda delimitado el carácter del presente estudio. Se trata de una investigación filosófica –pues se inquiere por las causas–, sobre la empresa, que se circunscribe al ámbito de lo práctico, es decir, aquél donde, de acuerdo con santo Tomás de Aquino, se estudia a la razón en cuanto que considera las acciones voluntarias,[22] pues nuestro propósito último no es el de saber más, sino el de actuar mejor, "ya que de otro modo ningún beneficio obtendríamos de ella".[23]

---

22 De acuerdo con Tomás de Aquino la razón tiene cuatro modos distintos de ordenar dependiendo del tipo de objetos y fines a los cuales esté dirigida su atención: "Hay un cierto orden que la razón no hace, sino solamente considera, como es el orden de las cosas de la naturaleza. Otro es el orden que la razón, considerando, hace en su propio acto, por ejemplo, cuando ordena sus conceptos entre sí y los signos de los conceptos que son las palabras. En tercer lugar, se encuentra el orden que la razón al considerar hace en las operaciones de la voluntad. En cuarto lugar, se encuentra el orden que la razón, considerando, hace en las cosas exteriores de las que ella misma es la causa, como en un arca y en una casa" (Santo Tomás de Aquino, *Comentario a la Ética a Nicómaco*, I, lección 1, 1). Así tenemos que las áreas de investigación concernientes a la filosofía práctica –como la que intentamos desarrollar en la presente investigación– pertenecen al tercer tipo de razonamiento, por cuanto que su interés en última instancia son las acciones voluntarias.

23 Con esto hacemos referencia a Aristóteles, para quien, en última instancia, el estudio filosófico de la virtud, punto neurálgico de su ética, no es el de saber más sino el de actuar mejor. Cfr. *Ética nicomáquea*, II, 2, 1103b 26-30.

Desde luego, esto no significa que nuestro estudio, o el modelo devenido de él, sea exhaustivo, pues no dudamos que en un futuro se elaboren modelos y teorías más completas que puedan juzgar con mejores parámetros lo que se ha intentado en este trabajo. En cambio, quizá el aporte más valioso radica en la reconsideración de la empresa como un instrumento positivo para la sociedad y para las personas que se desempeñan en ella, no sólo en cuanto trabajador, sino en cuanto persona, contra otras perspectivas obstinadas en clasificarla como un dispositivo "opresor" que juega en favor del mercado y en contra de los trabajadores. Pero esto sólo será posible siempre y cuando ésta se fundamente a sí misma en consonancia con la naturaleza de sus elementos constitutivos, y particularmente con el más importante de ellos, a saber, el ser humano. Más aún, dicha reconsideración no debe llevarse a cabo sin el aporte especulativo que puede dar la filosofía. Por ende, nuestro propósito último es llamar la atención sobre algunos de los problemas que deben formar parte del itinerario de las investigaciones filosóficas que se emprendan sobre el tema de la empresa, así como apuntar a sus posibles soluciones, cuya pertinencia sólo podrá ser juzgada *a posteriori*.

CAPÍTULO 1

Fundamentos teóricos para una aproximación filosófica en perspectiva antropológica al estudio de la empresa

1.1. La naturaleza humana y el trabajo

La naturaleza humana, esencialmente racional, se encuentra siempre en potencia;[1] la persona no es un ser terminado, completo y cerrado en sí mismo. No está dada de una vez y para siempre, sino que necesita, de acuerdo con una terminología heideggeriana, estar constantemente haciéndose. Posee múltiples facultades y potencialidades que deben ser guiadas –en el caso del hombre, racionalmente– hacia su fin que es su perfección.[2]

El hombre, a diferencia de Dios, no es un ser perfecto, porque es actualidad mezclada de potencialidad. Pero en contraposición al resto de los

---

1   Baste recordar las múltiples acepciones del término naturaleza que da Aristóteles en la *Metafísica*, algunas de las cuales aluden a su carácter potencial. "De lo dicho resulta que la naturaleza, primariamente y en el sentido fundamental de la palabra, es *la entidad de aquellas cosas que poseen el principio del movimiento en sí mismas por sí mismas*. En efecto, la materia se denomina naturaleza porque es capaz de recibir aquélla, y las generaciones y el crecimiento porque son movimientos que se originan de ella. Y ella es el principio del movimiento de las cosas que son por naturaleza, y en cierto sentido, es inmanente a éstas, bien en potencia, bien en estado de plena realización". *Metafísica*, V, 4, 1015a 12-18.

2   En efecto, una de las definiciones de *potencia*, según Aristóteles, es la de "capacidad de realizar algo perfectamente o según la propia intención". *Ibid.*, V, 12, 1019a 23.

seres tiene razón, así como capacidad y libertad de elección. Por ello, es un ser moral, y de su libertad depende el perfeccionamiento de su naturaleza que está llamada a actuar de acuerdo con la razón, del modo más virtuoso posible:

> Mas todos los seres se sienten naturalmente inclinados a realizar las operaciones que les corresponden en consonancia con su forma; por ejemplo, el fuego se inclina por naturaleza a calentar. Y como la forma propia del hombre es el alma racional, todo hombre se siente naturalmente inclinado a obrar de acuerdo con la razón. Y esto es obrar virtuosamente.[3]

Sólo el hombre se puede encarar con su propio ser como una tarea por hacerse, como un proyecto que, si seguimos la tradición ética que comienza con la filosofía aristotélica y que tendrá su punto más alto en el cristianismo, apunta hacia un bien determinado: la felicidad. El ser humano no está ya completo desde la primera vez que aparece sobre la faz de la Tierra, sino que su paso por este mundo implica estar autoconstruyéndose tanto a sí mismo como al mundo fáctico que lo rodea.

Esto no quiere decir, nos advierte Carlos Llano, que el hombre carezca de naturaleza; por el contrario, "significa que la naturaleza humana es naturaleza de un modo más apropiado, profundo y rico: porque no es una naturaleza sólo limitante del ser al que corresponde, sino además fuente expansiva de él, de nuevas posibilidades, origen de enriquecimiento entitativo, principio de propias plenificaciones. Y estos significados precisamente –fuente, origen, principio– es lo que los griegos querían indicar con la palabra *physis*-naturaleza, que Sartre se niega a pronunciar para el hombre".[4]

La vida del hombre no puede comprenderse de otra manera más que en su hacerse cotidiano (hacerse que jamás terminará sino con la muerte

---

3 Santo Tomás de Aquino, *Suma Teológica*, I-IIae, q. 94, a. 3.

4 Carlos Llano, "Hombre, empresa y sociedad", en *Istmo*, 118-119 (1970), p. 150.

misma), así como en el hacer del mundo que la rodea. En este orden de ideas, el trabajo es uno de los medios principales para este hacerse y se nos impone como una ley inexorable a la que todos, de una manera u otra, estamos sometidos. A diferencia de los demás animales, que encuentran en la naturaleza todos los recursos para satisfacer de forma directa sus necesidades, el hombre precisa transformar esa misma naturaleza mediante el trabajo para obtener de ella los insumos que requiere. Mientras los demás seres vivos se encuentran adaptados biológicamente al ambiente en el que se desenvuelven, de manera que pueden interactuar con el medio que les rodea con relativa facilidad, la naturaleza, en cambio, desde su seductora desnudez, es hostil e indiferente a las necesidades del ser humano, quien, al carecer de las características morfológicas apropiadas para sobrevivir, debe transformarla. Precisamente esta metamorfosis es lo que denominamos con el nombre de *trabajo*. Vemos así que el trabajo es concomitante a la misma naturaleza del hombre, y es inherente a su condición racional originaria.[5]

A esta dimensión *objetiva* del trabajo se suma una *subjetiva*. El trabajo no sólo permite descubrir y manifestar las perfecciones escondidas en el mundo,[6] para servirnos de ellas en una dinámica meramente instrumental, sino que también es expresión de la fuerza activa que es inherente a la persona, totalmente propia de quien la desarrolla, y en cuyo beneficio ha sido dada. En otras palabras, el trabajo también es medio de expresión y realización de la propia vocación personal.[7] El trabajo permite exhibir las capacidades y talentos humanos, en su extensa variedad, aprovecharlos, engrandecerlos y ponerlos al servicio de las propias necesidades y de las de toda la sociedad.

De ahí que ningún otro ser natural o artificial puede realizar una actividad que reciba la denominación genuina y verdadera de *trabajo*. Las máquinas, aunque transformen la naturaleza, no hacen trabajo; por el contrario, son ellas mismas un producto más de éste. A diferencia de un robot,

---

5   *Compendio de la Doctrina Social de la Iglesia*, núm. 256.

6   *Compendio de la Doctrina Social de la Iglesia*, núm. 262.

7   Juan Pablo II, *Centesimus Annus*, 6.

el hombre es único e irremplazable, capaz de autodeterminación, racional y emocional, sujeto a un crecimiento sin fin;[8] por ello, es el único ser que puede *trabajar* en el sentido pleno del término. Desde esta óptica específica, el hombre es causa eficiente suya, su hacedor.

El trabajo se nos impone entonces como una actividad tan humana como pensar, diseñar, educar o amar, porque el hombre busca construir un entorno al cual pertenecer, para cumplir una función donde vea el propósito de sus acciones y perciba la relevancia de llevarlas a cabo. Por medio del trabajo, el hombre puede encontrar su propia autoafirmación. Su importancia reside no sólo en los fines buscados mediante él, en los productos terminados o los servicios obtenidos, sino también en su propia ejecución. El fin del trabajo es el propio hombre: el hombre ha de ser el fin del trabajo, de cualquier índole que éste sea.[9] De lo contrario, estaríamos hablando de "enajenación": realizar una actividad tendiente a un objetivo que es por completo *ajeno* a quien lo realiza, sin poder apropiar a su naturaleza, de algún modo, dicha actividad.[10] Y esta enajenación se hace palpable justo cuando el hombre es considerado sólo como medio para el trabajo y no también como su fin.

1.2. La empresa como un lugar natural de trabajo

Uno de los lugares donde el hombre moderno puede trabajar, es decir, donde puede dar a conocer esas capacidades para transformar su entorno es la empresa. La palabra *empresa* como concepto genérico hunde sus raíces en la noción de dificultad, de acción ardua; a lo largo del tiempo este término se ha utilizado para señalar actividades de muy diversa índole, pues igualmente podemos emplearla para referirnos a un proyecto artístico, militar o familiar, como a uno mercantil, comercial o de servicios, entre muchos

---

8   Cfr. Robert Levering, *A Great Place to Work*, p. 178, citado por Carlos Llano, *Humildad*, pp. 315-316.

9   Cfr. Carlos Llano, *Análisis de*, p. 65.

10   *Idem.*

otros.[11] De ahí que el *Diccionario de la Real Academia de la Lengua Española* la defina en primer lugar como "toda acción o tarea que entraña dificultad y cuya ejecución requiere decisión y esfuerzo". No obstante, de entre todos los proyectos cuya realización requiere del arrojo y voluntad de sus creadores, existe uno que ha materializado este verbo, convirtiéndolo, por derecho propio, en sustantivo común: se trata de la *empresa,* entendida como "unidad de organización dedicada a actividades industriales, mercantiles o de prestación de servicios con fines lucrativos".

La empresa es un tipo de organización; incluso muchos simplemente la llaman "la organización". Una organización es una unidad social: una agrupación de personas orientada a la obtención de ciertos fines que en solitario no podrían obtener o que obtendrían de modo muy difícil o costoso. Las relaciones entre los miembros de una organización están dispuestas según una estructura que distribuye entre ellos roles, funciones, tareas, posiciones jerárquicas y responsabilidades. Esta estructura hace que las relaciones dentro de la organización estén, al mismo tiempo, ordenadas y

---

11   En este sentido, cabe recordar el origen de la palabra *empresario,* la cual parece confirmado apareció en francés *–enterpreneur–* mucho antes de que existiera el concepto empresarial como tal, pues en el siglo XVI, en Francia, se le designaba con tal calificativo a quienes dirigían operaciones militares, y ya después, en el siglo XVIII, se empezó a llamar así a los contratistas de bienes y servicios para el gobierno, casi siempre a gran escala. No es sino hasta mediados del siglo XVIII cuando un economista francés, Richard Cantillon, utilizó el término *empresario* por primera vez en su *Ensayo sobre la naturaleza del comercio en general,* con un sentido económico moderno, asociándolo con la persona que asume un riesgo para emprender una actividad económica. Cfr. Luis González Seara, "La responsabilidad social de la empresa", en *Revista del Ministerio de Trabajo y Asuntos Sociales,* 50 (2004), pp. 13-14. La cita exacta de Cantillon es la siguiente: "Existen pueblos donde se han establecido mercados, en interés de algún propietario o señor cortesano. Estos mercados, que se celebran una o dos veces por semana, animan a muchos pequeños artesanos y mercaderes a establecerse en el lugar; o bien compran en el mercado los artículos que a él llegan de los pueblos circundantes, para transportarlos y venderlos en las ciudades; a cambio de ellos adquieren en la ciudad hierro, sal, azúcar y otras mercancías, vendiéndolas a los habitantes de los pueblos en los días de mercado: también se aposentan en estos lugares pequeños artesanos como cerrajeros, carpinteros y otros, quienes satisfacen las necesidades de los aldeanos que en sus pueblos carecen de tales servicios, y, en fin, estos poblados se convierten en Burgos. Situado el burgo en el centro de varias aldeas, cuyos habitantes frecuentan el mercado, es más natural y más fácil que los aldeanos lleven a él sus artículos los días de mercado, para venderlos, y compren con su producto las mercancías necesarias, en lugar de que las mercancías en cuestión sean llevadas por mercaderes y *empresarios* a los pueblos, para recibir en cambio los artículos de los aldeanos". Richard Cantillon, *Ensayo sobre la naturaleza del comercio en general,* México, FCE, 1950 (1ª edición original, 1755).

estructuradas, de modo que su coordinación sea más o menos eficaz en cuanto al logro conjunto de los fines. El fin al que están orientadas las acciones en la organización, y que explica la división de funciones o roles dentro de ella, es su razón de ser o propósito.

A diferencia de otras organizaciones tales como la escuela, la iglesia o los sindicatos, la empresa se dedica a la producción de bienes de consumo o servicios ofrecidos dentro de un mercado.[12] La empresa no sólo es parte de la sociedad, también del sistema económico con el que opera la sociedad. Como las demás organizaciones, la empresa también se dirige al logro de unos fines, pero el hecho de que éstos no puedan entenderse sin la mediación del mercado, hace que para el caso de la empresa la obtención de beneficios económicos sea definitoria. El modo como la empresa opera como unidad económica, las características del sistema económico y del tipo de sociedad dentro de los que se inscribe, influyen directamente en el modo en que determinará su configuración.[13]

Para muchos pensadores, como la filósofa Adela Cortina o el ya fallecido asesor Peter Drucker, la nuestra es una "época *managerial*", y nuestra sociedad una "sociedad de organizaciones" en la que la empresa constituye el paradigma de todas las restantes, "de suerte que algunos llegan a afirmar que, si la salvación de los hombres ya no puede esperarse únicamente de la sociedad, como quería la tradición rousseauniana, ni tampoco del Estado, como pretendía el "socialismo real" de los países del Este, ni, por último, de la conversión del corazón, de la que hablaba cierta tradición kantiana,

---

12 En este sentido admitimos que, sin duda, no hay una sola forma de crear empresa. Leonardo Polo nos dice, por ejemplo, que el riesgo en el servicio es lo que justifica ser empresario de modo que "también es empresario el recolector familiar [...] o el profesor que se atreve a salir de los límites de un programa convencional, o el inventor, o el párroco que ofrece la Buena Nueva... [e incluso] un obrero, si está bien integrado a la empresa y no simplemente amparado por el sindicato, es un empresario". (Cfr. Leonardo Polo, *La vertiente humana del trabajo en la empresa*, Colección Empresa y Humanismo, Madrid, Rialp, 1990, pp. 78 y ss). Sin embargo, aunque estemos de acuerdo, queremos poner de manifiesto que en este trabajo únicamente nos estamos centrando en aquellos empresarios que inician un proyecto que participa en el mercado.

13 Cfr. Leticia Naranjo, "Felicidad y racionalidad teleológica: una aproximación aristotélica a la ética empresarial", en *Tópicos* 20, 2001, p. 109.

es una *transformación de las organizaciones* la que puede salvarnos, siendo entre ellas la empresa la ejemplar".[14]

Existen varios motivos por los cuales la empresa se ha convertido en una de las organizaciones económicas, sociales y culturales más importantes de nuestro tiempo:

i. La empresa optimiza la división del trabajo. De manera natural, los seres humanos son distintos entre sí, pues muestran capacidades y habilidades diversas. Mientras unos poseen mayor destreza matemática, otros se inclinan por las actividades físicas o manuales; hay quienes tienen preferencia por las investigaciones teóricas, en tanto que otros se interesan por cuestiones de carácter administrativo o incluso artístico. La división del trabajo, es decir, la diferenciación y especialización de las distintas actividades requeridas para lograr una mayor eficacia productiva, al tiempo que genera riqueza, es capaz de conseguir que la multiplicidad de formas y ámbitos en los que se pueden desarrollar todas las potencialidades humanas esté articulada y pueda ser explotada al máximo. Además, la división del trabajo fomenta la cooperación y la solidaridad de toda la sociedad, pues es la forma más óptima de cubrir todas sus necesidades. De hecho, hay quienes sostienen que la división del trabajo, que nació en la familia y que de algún modo dio pie, entre otras cosas, al proceso de hominización, es tan primaria como la sociedad, de manera que no está llamada a desaparecer en una culminación de la historia.[15]

En este orden de ideas, son las empresas las instituciones actuales que pueden aprovechar esta multiplicidad de talentos para perfeccionarlos, integrarlos y desarrollarlos en su organización. "De la relación entre la división de trabajo del entorno que rodea a la empresa, y la división de trabajo que ha asumido la empresa, se definirá el objetivo de la misma, que a la vez condicionará su éxito o fracaso".[16] Nuestras empresas actuales permiten una división del trabajo mucho más organizada, racionalizada y eficaz, con

---

14   Adela Cortina, *Ética de la empresa. Claves para una nueva cultura empresarial*, Valladolid, Trotta, 2000, p. 13.

15   Cfr. Leonardo Polo, *La vertiente humana*, pp. 78 y ss.

16   María Teresa del Val Núñez, *Cultura empresarial y estrategia de la empresa en España*, Colección Empresa y Humanismo, Madrid, Rialp, 1994, p. 71.

lo que contribuyen así tanto a la creación de riqueza como a la satisfacción de las necesidades de la sociedad.

ii. La empresa como motor de progreso. Generalmente por *progreso* entendemos avance, mejora, adelanto, términos todos con connotación positiva. En el medievo, Tomás de Aquino ya advertía que "es natural para la razón avanzar gradualmente de lo imperfecto a lo perfecto",[17] mientras que Kant pensaba que el progreso de la humanidad era lineal e irrefrenable.

El progreso implica una superación de las limitaciones humanas tanto en un sentido cuantitativo (material) como en uno cualitativo (moral), aunque el camino en ambos aspectos no está necesariamente aparejado. Su idealización surge en el Siglo de las Luces cuando, tras la popularización del conocimiento a causa del nacimiento de la ciencia moderna en el siglo XVII, los intelectuales ilustrados creyeron ver en la ola de descubrimientos científicos el camino para el perfeccionamiento máximo de la humanidad.[18] Y aunque este avance no siempre ha sido lineal y ascendente –baste pensar en las bombas nucleares lanzadas sobre las ciudades japonesas de Hiroshima y Nagasaki, o en las armas químicas utilizadas en diversas guerras en Medio Oriente en defensa de intereses no pocas veces egoístas y cuestionables– esta profecía en gran medida ha visto su cumplimiento. A nadie razonable le cabe la menor duda de que hoy vivimos mucho mejor en nuestros artificiales hogares de ladrillos, cristal y cemento, que cuando habitábamos las oscuras y húmedas cuevas del Neolítico. No sólo somos mucho más longevos porque nos alimentamos mejor y nos desgastamos menos, sino que además hemos aprendido a disfrutar de este intervalo de tiempo entre el nacimiento y la muerte que es la existencia. El bienestar y el placer han sustituido en gran medida la lucha por la mera supervivencia fisiológica. Y si lo

---

17 Santo Tomás de Aquino, *Summa Theologica*, Iª-IIª, p. 97.

18 La idea de progreso como finalidad de la historia tomó protagonismo durante la Ilustración. Tras la popularización del conocimiento ocasionada por el nacimiento de la ciencia moderna en el siglo XVII, los intelectuales del Siglo de las Luces creyeron ver en los primeros descubrimientos científicos el camino para el perfeccionamiento máximo de la humanidad. A partir de ese momento, los hallazgos y promesas de la ciencia comenzaron a generar una ingenua, a la vez que ilimitada, confianza en la razón humana, que sería capaz de lograr un avance indefinido: gracias a la razón, el hombre podría vencer a las fuerzas de la naturaleza e iniciar un camino ascendente en el que la idea de progreso ya no se desvincularía de la ciencia y sus aplicaciones técnicas.

anterior no es cierto para todos, bien podría serlo, porque el potencial para ello existe, pues incluso aquellos que aún en el siglo XXI padecen las condiciones de vida más infames, experimentan una situación comparativamente mejor de la de nuestros antepasados de Altamira.

En este ir y venir de avances y retrocesos, la empresa ha jugado un papel primordial como vehículo de desarrollo técnico y material. Son las empresas las instituciones que han asumido la misión de impulsar y distribuir la gran mayoría de los artefactos y servicios, las medicinas y los libros, la tecnología y el alimento que han conducido a la humanidad, en términos generales, a mejorar su calidad de vida. La empresa es un vehículo para satisfacer de modo eficiente muchas de las demandas de la existencia y ello constituye una razón más para considerarla como una de las instituciones más importantes de nuestro tiempo. E incluso puede ser un instrumento de progreso moral, cuando se asume a sí misma como ámbito para la acción responsable y colaborativa.

iii. La empresa como motor de desarrollo económico. El imperativo deber de satisfacer necesidades humanas ha dado lugar a la economía y al mercado, donde se busca maximizar la relación de costo-beneficio para tener utilidades, crear más con menos o vender más con un mejor precio. Esto ha permitido a las empresas crear riqueza para la sociedad. La generación de riqueza, en su concepto más originario, está ligada a lo que se produce en la tierra: minerales, petróleo, productos agrícolas, etc. Posiblemente por esta razón, la riqueza se asocia con la abundancia de productos y cosas como el dinero.

De lo anterior resulta el concepto de riqueza como la abundancia de bienes y objetos de valor. Un bien es aquello que es bueno, útil o agradable, es decir, que tiene un beneficio para las personas. Por ello, no son empresas las organizaciones cuyos productos dañan a la sociedad, como la pornografía o la drogadicción, ya que perjudican y deterioran las capacidades humanas. En cambio, sí lo son aquellas dispuestas a generar riqueza, lo que a su vez les da la garantía de continuar con la prestación de sus servicios y con la atención de las necesidades de la sociedad. Además, las empresas generan empleos, pagan impuestos y retribuyen a los inversionistas el capital que pusieron para su creación. Compiten, se exigen y siempre aspiran a ser mejores para ganar la preferencia del mercado y beneficiar así a los consumidores. Innovan, hacen desarrollos tecnológicos o se apropian tecnologías que mejoran las condiciones competitivas frente a otros países del mundo. Ayudan a distribuir de manera más equitativa las oportunidades y los ingresos entre los ciudadanos. Por éstas y muchas otras razones, las empresas son esenciales para fomentar el desarrollo económico sostenible, por lo que se convierte en una prioridad ampliar la base empresarial y garantizar la permanencia de las empresas existentes.

iv. La empresa como lugar de cooperación. El ser humano en soledad no es autosuficiente; necesita de otros para cubrir todas sus necesidades. La mayoría de las empresas están conformadas por dos o más integrantes que logran articular su trabajo cooperativamente con el fin de lograr metas comunes. La empresa, como institución, es capaz de organizar distintas capacidades y habilidades; diversos insumos y herramientas en un todo coherente que da lugar a resultados concretos y útiles. Pero no sólo eso: también facilita la conectividad de las distintas regiones de un país, y del país con el mundo globalizado. La empresa, por tanto, hace más productiva y organizada la cooperación en todos los niveles.

v. La empresa como producto racional. Gracias a nuestra condición de *animales racionales,* tenemos la capacidad de imaginar, planear, delinear y ejecutar de manera integrada todas nuestras acciones. La empresa como organización es un ejemplo tangente y concreto de esta habilidad. Se trata de instituciones conformadas para lograr fines especificados de antemano, que involucran la dirección racional de estas potencialidades humanas y muchas otras, que se concretan en el trabajo y que se integran mediante la dirección. En este sentido, la empresa funciona como un espacio ideal para que las personas que laboran en ella tengan acceso al conocimiento y aprendizaje continuo y permanente, por lo que ayudan a la formación del capital humano.

Entre todas las capacidades que fomenta la empresa existen al menos dos que son fundamentales para su crecimiento y desarrollo: se trata de la creatividad y la innovación. Las empresas, junto con las universidades, son los vehículos por excelencia de la sociedad civil para el impulso de nuevas ideas en todos los ámbitos. Para satisfacer necesidades se requiere generar ideas cada vez mejores y hallar soluciones cada vez más eficaces. Las empresas son organizaciones que precisamente cuentan con plataformas tecnológicas y humanas capaces de materializar todas estas aspiraciones animándolas e introduciéndolas en la vida corriente, con lo que hacen realidad muchos de los sueños que para hombres y mujeres de otras épocas parecían entonces inalcanzables.

vi. La empresa como motor de renovación social. En la actualidad, la empresa también es un motor de renovación social que goza de cualidades de las que carecen las viejas instituciones anquilosadas por la burocracia, asfixiadas por el imperio de los mediocres. Tiene en sus manos la creación de riqueza sí, pero por ello también ha adquirido la obligación de cumplir con su responsabilidad social. La empresa se ha convertido en un actor social más que debe responder tanto ante sus accionistas, clientes, proveedores y empleados, como ante la sociedad a la cual aporta, y el medio en el cual se desenvuelve. Gran parte de las empresas más importantes de nuestro país manifiestan compromisos explícitos con la calidad de sus productos o servicios, con el respeto a sus clientes y trabajadores, y también con el desarrollo de las comunidades más inmediatas que las rodean en cuestiones relacionadas con su salud, educación, cultura o cuidado del medio ambiente. Asimismo, dicha responsabilidad le ha otorgado mayores derechos: la empresa también actúa como interlocutor y representante autorizado de los intereses de la comunidad frente al Estado en temas tan diversos como economía o seguridad. Al poseer una personalidad legal, las empresas también pueden exigir y participar más activamente en la configuración de las sociedades en las cuales se encuentran inmersas.

1.3. Tres paradigmas para entender la empresa

El siglo XX fue testigo de un importante auge en el tema de la conformación, diseño y finalidad de la empresa, así como sobre su administración y dirección. Entre otros aspectos, se puso de manifiesto que la comprensión y conformación de la empresa, en cuanto organización humana, no debía restringirse únicamente a cuestiones meramente técnicas y procedimentales, sino que también debía partir de ciertos presupuestos teóricos de carácter ético y antropológico, ya fueran explícitos o no, a partir de los cuales se podría determinar gran parte de sus tareas, responsabilidades y modos de funcionamiento.

Juan Antonio Pérez López nos habla de al menos tres paradigmas o modelos diferentes que surgieron durante el pasado siglo con el propósito de explicar el funcionamiento de las organizaciones humanas, y principalmente de la empresa mercantil, construidos sobre al menos tres distintas concepciones filosóficas referentes a la persona humana y particularmente sobre el tipo de *motivaciones* que funcionaban como resortes para impulsar la acción.[19]

En primer lugar, se encuentran los modelos *mecanicistas*, los cuales parten del supuesto de que la acción humana ha de ser explicada en términos de su reactividad a las distintas *circunstancias externas* en las que ésta se desenvuelve. Implícitamente, asume que el grueso de los individuos carece de una interioridad original capaz de autodefinir fines propios, o en todo caso, carece de relevancia, por lo que sus deseos y acciones sólo son resultado de los estímulos del entorno. De ahí que, en el ámbito laboral, son los incentivos, principalmente los económicos, los únicos capaces de motivar su desempeño. La estructura empresarial subsecuente a esta concepción de carácter antropológico es, pues, un *sistema técnico* en el que la organización se considera como una simple coordinación de acciones humanas cuya finalidad es la de producir una serie de objetos o servicios; el modelo de explicación es el de una máquina, más o menos compleja, que en respuesta a un *input* produce un *output*.[20]

La reacción a este limitado diagnóstico de la naturaleza humana tiene lugar en los modelos *psicosociológicos*, segundo paradigma que surgió debido a la necesidad de tener una mirada más amplia, aunque todavía

---

19 Cfr. Juan Antonio Pérez López, *Fundamentos de la dirección de empresas*, Madrid, Rialp, 1996, pp. 38 y ss.

20 Cfr. *Ibid.*, pp. 39-42.

incompleta, sobre la condición humana. Desde aquél se reconoce que los motivos que impulsan la acción no son extrínsecos al ser humano sino *intrínsecos*; las razones que impulsan a un hombre a trabajar no pueden limitarse únicamente a aquellas de carácter económico, pues el ser humano también tiene la necesidad de forjar vínculos significativos en los que los individuos puedan obtener reconocimiento y protección. De ahí que el paradigma psicosociológico asuma la condición social de la persona humana como un aspecto por valorar en la conformación de las organizaciones mercantiles, cuya importancia puede ser incluso superior al aspecto meramente material o monetario.

Frente al sistema técnico anterior, esta nueva concepción invita a concebir la empresa como un *organismo social*. De acuerdo con Pérez López, un organismo trata de explicar la coordinación de acciones para la satisfacción de motivaciones actuales, es decir, las motivaciones que actualmente sienten las personas que componen la organización. Así como en un sistema técnico se mira a la empresa como si ésta fuera una máquina –acoplado de elementos materiales–, en un organismo se la contempla como un *conjunto social*, como una agrupación de individuos en una sociedad en la que se integran voluntariamente para satisfacer todo un conjunto de motivos.[21]

Sin embargo, la limitación de este modelo radica en su punto de partida, el cual se restringe a consideraciones de índole psicológico y sociológico, que levantan la teoría de la empresa sobre bases conductivistas y constructivistas con tendencias reduccionistas. Cimientos más sólidos, profundos y unitarios para la conformación de una verdadera teoría sobre la empresa, según el juicio de Pérez López –y del propio Carlos Llano–, sólo pueden hallarse mediante la filosofía, concretamente de la antropología filosófica. Es así como se delimita un tercer modelo, el modelo *antropológico* de la organización, desde el cual ésta es concebida además de como un sistema técnico, o como un conjunto social, como una institución.

---

21 Cfr. *Ibid.*, pp. 24-25.

Así como en un sistema técnico únicamente se contemplan las cosas que se hacen y en un organismo las cosas que se hacen y cómo se hacen, en una institución, aparte de esos dos planos, se considera también el *para qué* se hacen. La institución se propone como finalidad no solamente la propia de un organismo, sino también la de proporcionar una finalidad que *dé sentido* a toda la acción humana que coordina. Lo característico de una institución es la consideración explícita de unos *valores* con los que trata de *identificar* a las personas, *perfeccionando los motivos* de sus acciones, y educándolos en ese sentido.[22]

El modelo antropológico persigue centrarse en el hombre tal como es, en su condición de persona individual e intransferible, que desea ser feliz. Es capaz de articular, de manera acumulativa y balanceada, los diferentes fines y razones que mueven la acción humana individual, ya sean de carácter extrínseco, intrínseco o incluso trascendente,[23] y de relacionarlos armoniosamente con los fines propios de la organización. Y aunque no puede afirmarse que en este momento predominen aquellas empresas que persiguen un modelo antropológico en su diseño, es verdad que éste ha tenido un considerable auge en los últimos años.

1.4. Las cuatro finalidades de la empresa

La posibilidad de desentrañar un sentido para la acción humana coordinada mediante la empresa tal como se lo proponen las organizaciones que se acogen bajo el paradigma del *modelo antropológico*, reclama de manera natural la necesidad de clarificar las razones que justifican la existencia de la propia

---

22 *Ibid.*, p. 28.

23 Pérez López llama *motivos extrínsecos*, a aquellos aspectos de la realidad que determinan el logro de satisfacciones que se producen por las interacciones; *motivaciones intrínsecas,* a los aspectos de la realidad que determina el logro de aprendizajes del propio decisor, y finalmente *motivos trascendentes* a los aspectos de la realidad que determinan el logro de aprendizaje de las otras personas con las que se interacciona. Cfr. *Ibidem*, p. 55.

empresa, y en particular, de su causa final, pues a partir de ésta se puede definir su identidad y justificar su preponderancia en el mundo actual.

De acuerdo con Aristóteles, existen cuatro diferentes tipos de causas: *formal*, es decir, la esencia[24] (pues el porqué se reduce, en último término, a la definición, y el porqué primero es causa y principio); *material*, es decir, el sujeto o substrato donde inhiere la forma; *eficiente*, que explica el origen desde el cual se inicia todo movimiento y, por último, *final,* el bien para el cual se hace algo (fin al que tienden la generación y el movimiento).[25]

En cuanto a las primeras tres, claramente podemos delimitarlas en la empresa contemporánea. En primer lugar, su *causa formal* o esencia es su propia constitución como entidad mercantil; es decir, la configuración o tipo de ordenamiento relacional que da lugar a una unidad económico-social que conjuga trabajo, capital, organización y dirección, y que deviene incluso en una cultura empresarial determinada y particular para cada organización. En segundo lugar, su *causa material* está conformada tanto por todos los miembros o *stakeholders*[26] relacionados con ella, como por los insumos materiales y virtuales necesarios para llevar a cabo las tareas específicas para las cuales ha sido creada. Su *causa eficiente* coincide con la *causa material,* aunque desde un enfoque diferente. En un sentido muy original podríamos creer que quien "inicia el movimiento", es decir, quien pone en marcha a una empresa, son los inversionistas, aquellos que proporcionan los recursos necesarios para su creación; pero en realidad, para que dicho movimiento se continúe también es necesaria la acción tanto de los directores como de los trabajadores de todos los niveles. La diferencia con la causa material es que, en este caso, todos los *stakeholders* son tomados desde el punto de vista de la acción, es decir, no sólo se consideran como un insumo

---

24 *Tén ousian kaì to tì ēn eīnai*, ver nota 13 (Aristóteles *Metafísica*, trad. Tomás Calvo Martínez, Barcelona, Gredos, 2003).

25 *Ibid.*, I, 3, 983a 24-34.

26 Entiendo por *stakeholder* a todos los actores involucrados en la tarea de una empresa, es decir, empleados, clientes, accionistas, proveedores… y en un sentido más amplio, hasta la opinión pública, las ong que se ven afectadas por su funcionamiento (ecologistas, por ejemplo) así como el gobierno en sus distintos niveles (municipal, estatal y nacional).

más –sin duda el más importante– sino también como aquellos en quienes recae la responsabilidad y la voluntad de poner en marcha y mantener una empresa.

En cambio, la delimitación de la *causa final* de la empresa, esto es, los bienes a los que aspira, es la que más controversia ha generado a lo largo del tiempo. ¿Cuál es en última instancia su razón de ser, la causa o motivos de su existencia? Ya se ha esbozado un número bastante amplio de respuestas posibles: la satisfacción de las necesidades de la sociedad, la generación de empleos, el pago de impuestos para impulsar el desarrollo de un país, el crecimiento del capital particular, un beneficio económico... Al parecer, una forma de organización tan rica y compleja tiene más de una razón para su existencia.

Nosotros entendemos por empresa una organización que tiene cuatro objetivos fundamentales, esenciales, que bien pueden denominarse "objetivos genéricos". Se les ha calificado así porque todas las empresas los buscan, o al menos deberían buscarlos si han de preservar su influyente papel al interior de la sociedad. Su exposición ya la encontramos en la obra de Carlos Llano, *Análisis de la acción directiva*, donde se afirma lo siguiente:

> Además de los objetivos específicos que cada empresa persigue, toda empresa, por el hecho de serlo, tiende a un objetivo genérico común. [...]: A) Proporcionar un servicio a la comunidad social. B) Generar un valor económico suficiente. C) Generar una compensación "humana" suficiente. D) Lograr una capacidad de auto-continuidad. [27]

La admisión de esta cuádruple finalidad también la encontramos en la filósofa española Adela Cortina, quien no ha dudado en aceptarla como válida:

> Desde entonces hasta hoy, la *empresa* es la unidad productora de riqueza en la sociedad, que se distingue por su contribución al crecimiento

---

27 Cfr. Carlos Llano, *Análisis de*, pp. 45-46.

económico y cuyos *objetivos* son los siguientes: 1) producir bienes y/o servicios, 2) aumentar el valor económico añadido (lograr beneficios) a fin de: *a)* atender las rentas de trabajo y de capital y *b)* poder invertir para garantizar la viabilidad de la empresa; [...] 3) promover el desarrollo humano y 4) garantizar la continuidad de la empresa.[28]

Existe pues, cierto consenso en torno a las finalidades que definen o caracterizan la esencia de una empresa, sobre todo en el contexto actual. Más aún, estos cuatro objetivos se conciben interrelacionadamente, aunque son irreductibles entre sí. Como si se tratara de una red, dependen unos de otros, pero ninguno puede anular o prevalecer por encima de los demás, tal como se mostrará a continuación. A su vez, coincidimos con Antonio Valero, cofundador del IESE, en el hecho de que dichas finalidades no provienen o se legitiman por deseo de la organización para cumplirlas, porque el juicio de esos grupos no es índice de la naturaleza moral ni del valor social de lo que hace la organización.

> El valor moral no depende de la opinión de grupos de personas y el valor social depende de las verdaderas necesidades sociales y de la posibilidad de atenderlas. Lo que legitima la iniciativa y la actividad de esa organización es que la moral objetiva considere que esas finalidades y esos medios son adecuados y que, realizando tales acciones, se atiende verdaderamente al desarrollo de las personas.[29]

En efecto, estas finalidades no son opcionales, sino que se presentan como un imperativo moral para cualquier empresa que se precie de ser tal. De ahí que nosotros los llamemos "objetivos genéricos". De hecho, nos parece importante recalcar que el conocimiento, comprensión y logro de dichos objetivos es tan vital que, si actualmente éstos no se cumplen cabalmente,

---

28 Adela Cortina, *Ética de la empresa.* p. 70.

29 Antonio Valero y Vicente y José Luis Lucas Tomás, *Política de empresa. El gobierno de la empresa de negocios,* 2ª edición, Pamplona, Universidad de Navarra, 1991, pp. 62-63.

pueden poner en peligro de muerte a la empresa. Podrían dejar de satisfacerse por un tiempo, pero nunca de forma permanente; ni siquiera por un lapso prolongado.

A continuación, presentamos un análisis más pormenorizado de los objetivos:

a) Creación de *valor económico agregado*

Milton Friedman,[30] quien fuera profesor de economía de la Universidad de Chicago y polémico ganador del premio Nobel de economía por sus tesis monetaristas, afirmaba que el único motivo por el cual existen las empresas, y en cuyo cumplimiento logran dar servicio a la sociedad, es el de crear riqueza o, dicho de otro modo, aumentar las ganancias de los accionistas dentro de un marco legal.

> En una economía libre, la empresa tiene una y solamente una responsabilidad social: utilizar sus recursos y realizar actividades designadas a aumentar sus beneficios, siempre que cumpla las reglas del juego, es decir, actuando en competencia libre y abierta, sin fraude ni engaño.[31]

---

30 Milton Friedman (1912-2006), famoso economista estadounidense, ganador del premio Nobel de Economía en 1976, profesor de la Universidad de Chicago y uno de los fundadores de la Escuela de Economía de Chicago, caracterizada por su defensa del libre mercado, es considerado, junto a Joseph Maynard Keynes, el economista más influyente del siglo xx. Liberal de cepa, fue un fuerte crítico del keynesianismo, al que se opuso con su correspondiente monetarismo. Para Friedman, el mercado es un sistema racional de asignación de recursos, capaz de corregir sus desequilibrios en el corto plazo. Durante sus estudios universitarios, fue influido por el contendido del libro de Alfred Marshall (*Principles of Economics*), y en especial por la idea de describir la economía como "una máquina para el descubrimiento de verdades concretas". A diferencia de los clásicos economistas "académicos", usaba muy pocos modelos matemáticos, utilizaba un lenguaje muy comprensivo, al alcance del público en general y no sólo asequible a unos pocos académicos, y siempre insistía en la realidad, en las cosas como son (y no como quisiéramos que fueran). Basado en sus libros *Capitalismo y libertad* y *Free to Choose*, la pbs (Public Broadcasting System) produjo una serie de 10 capítulos que, para tratarse de temas aparentemente áridos de economía, tuvieron una gran aceptación por la idoneidad de los ejemplos cotidianos utilizados.

31 Milton Friedman, *Capitalismo y libertad*, Madrid, Rialp, 1966, p. 173. Al respecto, resulta interesante la posición de Friedman, quien afirma: "El que nuestros dirigentes de empresa aceptaran la idea de que les corresponde una responsabilidad social que no sea la de obtener el mayor beneficio posible para sus accionistas sería tanto como socavar los cimientos de nuestra sociedad libre. Es una doctrina esencialmente subversiva.

Esto quiere decir que, en el caso preciso de la empresa, su surgimiento se debe únicamente a la obtención de riqueza a partir de la combinación y transformación de diversos insumos para lograr un producto (ya sea un bien o servicio), cuyo valor resulte superior a la suma de los valores de los insumos usados para su fabricación. A su vez, este producto estaría diseñado para satisfacer las necesidades de un cliente, el cual, a cambio de obtener el producto ofrecido por la empresa, estaría dispuesto a pagar un precio. En economía esto se ha denominado como *valor económico agregado* (VEA).

Sin embargo, la definición de *valor económico agregado* ya había sido estudiada por otros teóricos como Alfred Marshall,[32] quien mucho antes de la –reduccionista– definición del profesor de la Universidad de Chicago, se expresaba de la creación de valor en la empresa en los siguientes términos:

Si los hombres de empresa tienen una responsabilidad social que es la de obtener el máximo beneficio para los accionistas, ¿cómo van a saber cuál es? ¿Pueden unos cuantos particulares que se han seleccionado a sí mismos decidir lo que es el interés social? ¿Pueden decidir la carga que han de aceptar ellos mismos y sus accionistas en servicio del interés público? ¿Puede tolerarse que las funciones públicas de tributación, gasto y control las ejerzan los individuos que estén al frente de unas empresas concretas y que han sido elegidos para esos puestos por grupos estrictamente privados? Si los hombres de empresa van a ser empleados del Estado en vez de empleados de sus accionistas, entonces, en una democracia, acabarán, tarde o temprano, por ser designados por el método de elección pública y por nombramiento", *Ibidem*, pp.173-174. Para Friedman, el fin de la empresa es crear riqueza para sus accionistas, y al cumplir cabalmente con su cometido, estaría, al mismo tiempo, sirviendo a la sociedad, aunque en realidad no es éste su objetivo primordial. Suponer lo contrario –servir a la sociedad ganando dinero–, haría del administrador no un hombre de negocios, sino una persona altruista que mejor debería trabajar para el aparato estatal.

32 Alfred Marshall (1842-1924), el más brillante economista de su época, fue un famoso profesor británico que ejerció una enorme influencia. Algunos de sus discípulos más importantes fueron John Maynard Keynes (1883-1946), uno de los fundadores de la macroeconomía moderna; Arthur Cecil Pigou (1877-1959), pionero en la economía del bienestar e investigador de ciclos económicos, impuestos y desempleo; y Vilfredo Pareto (1848-1923), ingeniero, sociólogo, economista y filósofo italiano, muy conocido por la ley o principio de Pareto. Entre las obras de Marshall, destaca *The Principles of Economics*, gran síntesis neoclásica de todo lo publicado acerca de economía hasta entonces, y durante muchos años principal libro de economía de todo el mundo. En éste, Marshall establece que los factores determinantes del valor de un bien son el costo de producción y la utilidad. Mientras el costo de producción es la suma de todo lo que se gasta en la producción de un bien o servicio –por ejemplo, materia prima, mano de obra, materiales, energía, etc.–, el precio se establece gracias a la confluencia de la oferta y la demanda, es decir, lo que el mercado "está dispuesto a pagar". Dicho con mucha sencillez, la diferencia entre el precio y el costo es precisamente la utilidad, o también llamada valor económico agregado. Marshall también estableció la relación entre precio y cantidad demandada (en términos generales a menor precio mayor cantidad demandada y viceversa) cuya sintaxis gráfica (curvas de oferta y demanda) se siguen utilizando actualmente.

Cuando un hombre se encuentra comprometido en un negocio, sus ganancias para el año son el exceso de ingresos que recibió del negocio durante el año sobre sus desembolsos en el negocio. La diferencia entre el valor de la planta, los inventarios, etc., al final y al comienzo del año, es tomada como parte de sus entradas o como parte de sus desembolsos, de acuerdo a si se ha presentado un incremento o un decremento de valor. Lo que queda de sus ganancias después de deducir los intereses sobre el capital a la tasa corriente... es generalmente llamado su beneficio por emprender o administrar.[33]

En resumen, el *valor económico agregado* se define como el importe que queda una vez cubiertos todos los gastos y satisfecha la rentabilidad mínima esperada por parte de las empresas. En tanto categoría, su principal innovación es que incorpora el costo de capital en el cálculo del resultado del negocio y su finalidad más importante es inducir el comportamiento de los dirigentes y orientarlos a actuar como si fuesen los dueños del negocio.

La fuente que permite generar dicho valor casi siempre proviene de los gustos y necesidades de los consumidores pues, aunque existen algunos productos o servicios más necesarios para el ser humano –como la comida o el vestido–, que otros aparentemente más superficiales –como la moda o la tecnología–, no es posible afirmar que alguno de ellos posee un valor intrínseco y determinado. Las circunstancias, preferencias y necesidades de las personas, así como las diversas situaciones en las que se ven involucradas, determinan en gran medida el valor de cambio de un producto cualquiera. Frecuentemente, éste reside en cosas tan intangibles como la apariencia o las emociones que puede causar determinado producto o servicio, así como en el estatus o prestigio que confiere su uso. También proviene de distintas fuentes como la utilidad, calidad, imagen asociada, disponibilidad e incluso del servicio que lo acompaña... Cuanto más intangible sea el valor generado, es más evidente que éste será definido en función de los consumidores, de personas determinadas en tiempos determinados. Probablemente un

---

33 *The Principles of Economics*, tomado de ‹http://www.gestiopolis.com›, consultada el 15/07/09.

refresco muy frío sea bien recibido en un caluroso día de verano en la costa, aunque el efecto no será el mismo en una gélida noche invernal en las montañas de Siberia; una simple sopa de lentejas no tendrá la misma acogida entre una pobre comunidad con graves dificultades para la obtención de alimento, que en la mesa de algún magnate acostumbrado a los mejores platillos...

Precisamente, la riqueza, como fin de la empresa, se encuentra en la diferencia de valor. En efecto, el valor del producto es superior a la suma de todos los componentes utilizados en su fabricación. Y la diferencia existente entre el valor de los componentes aislados y el valor del producto final, constituye la fuente de riqueza –riqueza entendida en un sentido amplio, y no sólo monetario– que se alcanza al realizar la transformación. Esa diferencia también es conocida como utilidad, y con ella los empresarios pueden costear insumos a sus proveedores, pagar los salarios de quienes en ella laboran, retribuir a los accionistas su aportación de capital, pagar impuestos y, sobre todo, reinvertir para crecer.

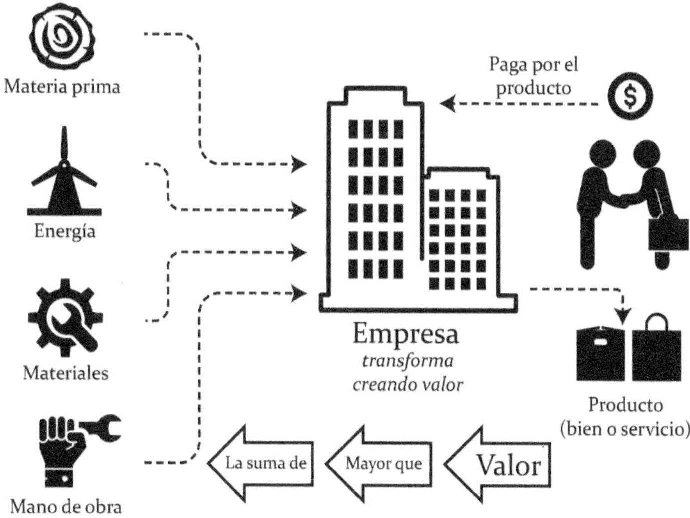

Figura 1. Creación de *valor económico agregado* (esquema creado con base en ideas de mis colegas, los ingenieros Arturo Vaca Durán y Fernando Bun Abad).

En el pasado –y por qué no decirlo, en el presente también–, han surgido diversas ideologías que han cuestionado el carácter moral de las utilidades o de la obtención de *valor económico agregado* (vea), debido a las numerosas injusticias que muchas veces conlleva su generación. Una de las mayores críticas que se ha extendido en contra del sistema capitalista y, por ende, de la libre empresa, ha sido la enorme desigualdad social que, en muchas ocasiones, y generalmente debido a manejos carentes de toda ética, ha terminado por convertir la utilidad generada en fin exclusivo, que debe lograrse a costa del desarrollo humano y de la responsabilidad social.

Sin embargo, coincidimos con Carlos Llano al afirmar que, de suyo, la utilidad del capital posee una bondad moral incuestionable,[34] siempre y cuando se obtenga sobre el trasfondo de un marco ético que consideree el trabajo del ser humano no sólo como mercancía, sino como medio de perfección y dignificación.[35] Efectivamente, la licitud de crear *valor económico agregado* por parte de una empresa de corte mercantil, industrial o de servicios no puede ser seriamente cuestionada. En cambio, lo que siempre requerirá un adecuado trasfondo moral son los medios a través de los cuales se obtenga dicha utilidad; dar por sentado que cualquier utilidad, obtenida como sea, es moralmente buena, supondría una enorme ingenuidad de nuestra parte. Proponer, por otra parte, que la creación de vea es el único fin de la empresa, al margen de los demás objetivos que veremos a continuación, la llevaría a su propia autodestrucción, pues los males e injusticias devenidos terminarían por asfixiarla. Las organizaciones mercantiles tienen como tarea ineludible el generar riqueza y producir utilidades, pero

---

34 Cfr. Carlos Llano, *El empresario y su acción*, México, McGraw Hill, 1991, p. 63.

35 Esta cuestión ya fue prevista de alguna manera por el papa León XIII en su encíclica *Rerum Novarum*, y plenamente manifestada por Juan Pablo II hace casi treinta años en *Centesimus Annus*: "La Iglesia reconoce la justa *función de los beneficios*, como índice de la buena marcha de la empresa. Cuando una empresa da beneficios significa que los factores productivos han sido utilizados adecuadamente y que las correspondientes necesidades humanas han sido satisfechas debidamente. Sin embargo, los beneficios no son el único índice de las condiciones de la empresa. Es posible que los balances económicos sean correctos y que al mismo tiempo los hombres, que constituyen el patrimonio más valioso de la empresa, sean humillados y ofendidos en su dignidad. Además de ser moralmente inadmisible, esto no puede menos de tener reflejos negativos para el futuro, hasta para la eficiencia económica de la empresa". (Juan Pablo II, *Centesimus Annus*, núm. 35.)

como mostraremos, esto no puede convertirse en su única misión. Si bien la creación de valor es un objetivo sumamente importante (podríamos decir esencial), no puede alcanzarse en detrimento de otros, tal como afirma Friedman; la empresa se sostiene en otras finalidades, igual de esenciales, sin las cuales su existencia no sería posible.

b) Satisfacción de alguna necesidad de la sociedad

La segunda finalidad de la empresa queda excelentemente ilustrada con el viejo mito del Rey Midas, antiguo rey frigio que obtiene la habilidad de convertir en oro todo lo que toca, y que es narrado por Aristóteles en su *Ética nicomáquea*. Aunque la intención del monarca es volverse inmensamente rico, paradójicamente termina por morir de hambre: la comida no queda exenta del don recibido, y cada vez que intenta ingerir algo, esto se trastoca en un metal precioso incapaz de ser consumido. La moraleja que Aristóteles desea transmitir con esta historia es simple, pero contundente: la riqueza siempre es un medio al servicio de *alguien*. Los productos y servicios se transforman *porque alguien los necesita*, pues de lo contrario, no tendrían razón de ser. Su significado es tal en tanto alguien los demanda. Midas quiso hacerse inmensamente rico sin considerar que el oro y los bienes únicamente son recursos al servicio de las necesidades tanto propias como de los demás, y por eso termina muriendo. De ahí que la primera finalidad de la empresa no está completa si se desliga de un segundo propósito, igualmente inherente al ejercicio lucrativo: la satisfacción de numerosas necesidades de toda índole que reclama la sociedad. Por ende, se trata de aumentar el valor económico como fruto del servicio. La habilidad directiva no consiste en maximizar el valor económico minimizando el servicio social, sino en lograr la maximización de ambos en una acción de síntesis.[36]

¿Dónde está la aportación a la sociedad o en qué radica? Precisamente en la transformación de recursos escasos en productos con valor agregado. Gracias a esa búsqueda del progreso, creando bienes y servicios,

---

36 Cfr. Carlos Llano, *Análisis*, p. 47.

la humanidad ha construido su mundo a la vez que ha prosperado en él. En todo momento nos encontramos rodeados de objetos producidos por empresas: anteojos o aparatos auditivos para quienes los necesitan, relojes para medir el tiempo, medicinas para procurar la salud, ropa para protegernos del frío, automóviles y aviones para transportarnos, salas de cine y parques de diversiones para el esparcimiento personal, y una infinidad de cosas más. Todos nos beneficiamos de productos creados por empresas que tienen valor para nosotros, un valor superior a la mera suma del costo de sus componentes.

Es precisamente aquí donde se encuentra la principal capacidad que distingue a los empresarios: su habilidad para detectar y satisfacer diversas necesidades con eficiencia mediante productos o servicios que combinen "insumos", para generar valor, tarea que no está desligada de una gran responsabilidad social. Actualmente la sociedad pide a los empresarios –y hasta podríamos afirmar que les exige–, que cultiven y exploten al máximo todos sus recursos, talentos y aptitudes de una manera responsable y eficaz, para crear riqueza de la mejor manera; no aprovecharlos constituiría una falta gravísima por omisión. El propio Juan Pablo II, en su encíclica *Centesimus Annus*, hace hincapié en la responsabilidad que tienen los empresarios para usar esas cualidades.[37] Se trata de talentos escasos que no todos tienen. Al generar valor, es posible combatir la pobreza y eliminar diferencias entre niveles de ingresos o crear nuevos empleos; asimismo estimula a que las personas den rienda suelta a sus capacidades y cualidades, poniéndolas al servicio de los demás. No podemos olvidar que esta cooperación con el desarrollo de las personas y la sociedad en general no se da únicamente de manera directa, sino también en forma indirecta mediante el pago de impuestos que dan soporte a la labor del gobierno, la promoción de fundaciones de ayuda para problemas de diversa índole, la donación a centros de investigación, etcétera.[38]

---

37 Juan Pablo II, *Centesimus Annus*, núms. 32 y 35.

38 En resumen, por medio del apoyo económico y el respaldo social a todas las instituciones que conforman el llamado tercer sector, las de solidaridad social. Cfr. Pierpaolo Donati, "El desarrollo de las organizaciones del

Como en el caso de la finalidad anterior, en este rubro tampoco podemos caer en extremos incautos. Es necesario volver a destacar que nosotros consideramos, de acuerdo con Lorenzo Servitje –quien fuera uno de los empresarios más notables de México, tanto por su calidad humana como por su responsabilidad social– que los productos o servicios con los cuales se desea satisfacer alguna de las múltiples necesidades de la sociedad no debe destruir ni hacer menos a quien lo recibe, como podría ser el caso de una droga. La liga que une a la primera finalidad de la empresa (VEA) con la segunda, *satisfacción de las necesidades de la sociedad*, debe estar permeada por consideraciones éticas que tengan en su horizonte el valor absoluto del ser humano y su dignidad y bienestar. Para Carlos Llano, "no es servicio satisfacer demandas no necesarias, aunque nuestros clientes lo consideren como tal".[39]

c) Autocontinuidad

La consecución de los dos objetivos anteriores exige un tercero que los complementa: la *continuidad* o *permanencia en el tiempo*, pues sólo el compromiso con la prolongación de la vida de las organizaciones puede garantizar el cumplimiento de las finalidades anteriores. Además, la autocontinuidad permite diferenciar con claridad una empresa de otro tipo de estructuras que desean un provecho económico. A diferencia de un negocio, una empresa siempre está sobreviviendo, persistiendo y manteniéndose. Un negocio en cambio, es una simple transacción comercial a corto plazo cuya limitada durabilidad restringe la calidad y cantidad de objetivos a los que puede aspirar como organización; el negociante generalmente no es más que un simple oportunista que busca coyunturas momentáneas apropiadas, que difieren por mucho de bienes arduos o perdurables que caracterizan el tipo de fines que persiguen las empresas.

Tercer Sector en el proceso de modernización y más allá", en *Reis* 79, 1997, pp. 113-141.

39   Carlos Llano, *Humildad y liderazgo*, México, Ediciones Ruz, 2004, p. 139.

Frecuentemente, da la impresión de que la permanencia se relaciona más con los ciclos económicos y políticos que con la adecuada conjugación y articulación de este fin con el resto de los objetivos genéricos de la empresa. Las empresas que se hacen dependientes de los ciclos de gobierno, y que se convierten incluso en parte de ellos, prosperan en la bonanza de los grupos dominantes, sin saber a qué atenerse cuando termina el ciclo en cuestión. Por otro lado, ante la crisis mundial que actualmente afecta a la mayoría de las naciones, las pequeñas y medianas empresas han comprobado su vulnerabilidad, sin mencionar la dificultad aparejada cuando se depende de un solo cliente.

No obstante, lo anterior ocurre cuando las empresas no planean su permanencia a largo plazo mediante una visión particularmente estratégica. Esto no quiere decir que las empresas no sean susceptibles a los cambios y trastornos políticos y económicos; pero cuando se tiene una mentalidad estratégica de largo plazo, la sociedad puede incrementar su confianza en que al final se logrará la consecución de los objetivos de producción o servicio que se tenían previstos,[40] lo cual exige ir cambiando, modificándose, para adecuarse a las condiciones variables del medio

El tema de la continuidad puede ser abordado bajo el paradigma de la evolución por adaptación de Darwin. En su teoría, Darwin afirma que la evolución es un proceso con tres elementos:

- variaciones
- selección
- replicación

Ante un cambio, la especie varía su respuesta, se acomoda o amolda de manera diferente de como siempre lo había hecho, y después replica esa adaptación. Las distintas respuestas dan lugar a diferentes resultados, y las especies con las respuestas más adaptadas al entorno son las que tienen mayores oportunidades para la reproducción. Es un proceso parecido a la

---

40 Cfr. Joaquín Rodríguez y Valencia, *Dirección moderna de organizaciones*, Madrid, Thomson Editores, 2007, p. 11.

experimentación, en la que se prueba, se elige y se replica. Basta como ejemplo Tomás Alva Edison, quien antes de inventar el foco incandescente probó cientos de veces hasta hallar la solución óptima, copiada infinidad de veces.

Los que sobreviven no necesariamente son los mejores o los más fuertes; ni siquiera los más inteligentes o las especies que cambian o mejoran más rápido, sino aquellas que se adaptan mejor. Este paradigma bien puede trasladarse al ámbito de la empresa donde las que sobreviven no son las más grandes, ni las que tienen más dinero en caja, ni siquiera las que han hecho gala de inteligencia; no, sobreviven precisamente aquellas que se adaptan mejor con sus competencias –capacidades, habilidades y recursos–, al entorno; un entorno que presenta oportunidades y amenazas.

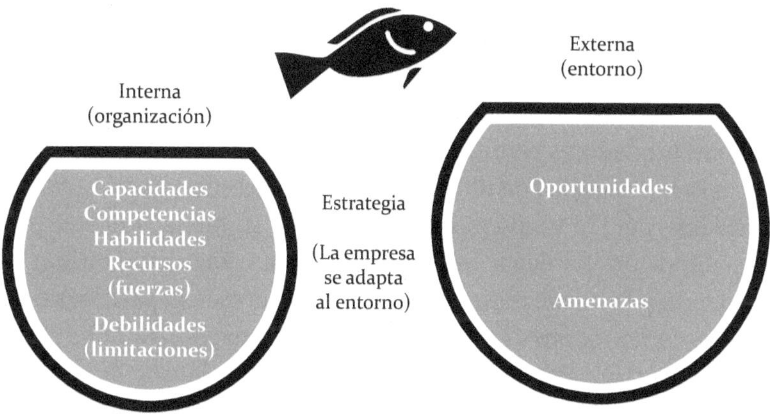

Figura 2. Estrategia de adaptación; un esquema útil.

Los ajustes y transformaciones que requiere la empresa para cumplir con este objetivo no se restringen únicamente a aspectos accidentales o superficiales; a veces resulta necesario modificar esencialmente el modelo de negocio. Un ejemplo clásico es el de los hermanos Dodge, quienes originalmente eran fabricantes de carruajes de caballos. Las apremiantes circunstancias y el cambiante flujo de necesidades pronto los orilló a fabricar carrocerías de automóviles y, como en ese momento el mercado estaba en crecimiento, terminaron por dedicarse a la fabricación de toda la línea de producción. Esta decisión permitió a Dodge consolidarse como una importante empresa automotriz que, más tarde (1928), se uniría a Chrysler para formar la actual Chrysler Group, LLC, una de las tres grandes compañías automotrices de Estados Unidos. En cambio, si hubiera seguido fabricando carruajes de caballos, seguramente ya no existiría. Otro caso considerable y más actual es Netflix, empresa que en realidad inició rentando películas en formato DVD para competir con quien en ese momento era líder en el sector: BlocBuster. Ante un competidor de tal envergadura, Netflix primero centró su ventaja competitiva en ofrecer sus catálogos por medio de internet en lugar de ubicarlos en tiendas físicas. Ello le permitió generar un algoritmo muy complejo para conocer a sus clientes que le dio una enorme ventaja competitiva cuando evolucionó para ofrecer sus productos mediante *streaming* (distribución digital de contenido multimedia que se descarga para su consumo), con lo que brindó a sus clientes una forma más personalizada e inmediata de disfrutar el cine en casa. De este modo, sus fundadores configuraron una propuesta de valor muy atractiva para cualquier usuario con un dispositivo con acceso a internet (PC, *tablet*, *smartphone*, etc.).[41] Como puede verse, desde su fundación Netflix tenía claro a dónde quería llegar (una visión de largo plazo muy nítida), y fue adquiriendo y desarrollando las capacidades necesarias para lograrlo. Estos casos, como muchos otros, ilustran bien la necesidad que tienen las empresas de cambiar y transformarse para buscar la permanencia, si es que quieren seguir cumpliendo con las otras dos finalidades ya exhibidas. En consecuencia, la adaptación es la herramienta necesaria para la

---

41 Stan Davis, en su ya clásico libro *Future Perfect* (EUA, Basic Books, 1989), predijo que las características de los servicios en el futuro serían las siguientes:
1. Any Time (a cualquier hora).
2. Any Place (en cualquier lugar).
3. No-Matter (La parte material no importa).
4. Mass Customizing (Hecho en serie... y simultáneamente a la medida).
con las que la oferta de valor de Netflix cumple cabalmente: se puede pedir a cualquier hora, desde cualquier lugar, no hay parte material (llega electrónicamente por bytes y no en un dispositivo físico, llámese DVD o *casette*) y es en serie y a la medida, porque hay un algoritmo que trabaja para conocer a todos los usuarios y proporcionar recomendaciones según gustos e historial.

continuidad, en tanto que permite a la empresa lograr el objetivo genérico de prolongarse en el tiempo.

d) Creación de *valor humano agregado*

Ya ha quedado de manifiesto que uno de los objetivos primordiales de la empresa, a saber, la generación de *valor económico agregado*, no puede cumplirse sin que a su vez dicho valor sea considerado en cuanto tal *para alguien*, es decir, para algún sector determinado de la sociedad, y además durante el tiempo que dicho ejercicio lo requiera. Pero ahora hace falta dirigir nuestra atención al hecho poco apuntado de que dicho valor también es producido por un *alguien*, en este caso, por todos los integrantes o miembros que conforman una empresa; un equipo de personas, ya sea grande o pequeño, trabajadores que ocupan puestos directivos y operativos, quienes al poner al servicio de la empresa sus talentos y conocimientos, encuentran la posibilidad de desarrollarlos, perfeccionarlos y acrecentarlos, para generar valor para sí mismos, no sólo en un sentido meramente profesional, sino incluso personal. De este modo, la propuesta central de este trabajo consiste en afirmar que las tres finalidades anteriores no están completas si no se agrega una cuarta que pone en relación la *causa eficiente* de la empresa respecto de su *causa final*: se trata de la generación de una "compensación *humana* suficiente", a la cual hemos denominado con el nombre de *valor humano agregado* (VHA).

Como bien dice Antonio Valero, la empresa también es convivencia; un lugar donde se puede actuar y se pueden ver las realizaciones de los demás, donde hay que aportar ideas prácticas para proporcionar un producto o un servicio eficaz. La empresa es una organización en la que se dan y se reciben responsabilidades, y donde colectivamente se adquieren compromisos hacia el exterior y hacia el interior, por lo que, en el marco de estas actividades, el individuo puede desarrollarse tanto profesional como humanamente.[42] En otras palabras, la empresa puede también formar el carác-

---

42 Cfr. Antonio Valero y José Luis Lucas, *Política de empresa*, p. 65.

ter[43] y hacer de sus trabajadores mujeres y hombres mejores en un sentido no sólo profesional, sino también personal; no sólo en un sentido racional sino también moral.[44] Ya explicamos qué es el *valor económico agregado*; en efecto, los economistas se han encargado de difundir este poderoso concepto en términos de la generación de riqueza que logra la empresa como uno de sus objetivos genéricos. De manera análoga, afirmamos que la empresa también genera *valor humano agregado,* entendido como la posibilidad de conocimientos, cualidades, competencias, virtudes morales y sentido que una mujer o un hombre pueden desarrollar mediante su trabajo y que la empresa, como institución social, puede fomentar y acrecentar, y sin las cuales es imposible generar valor, servir a la sociedad y prolongarse en el tiempo.

En efecto, como ya se ha mencionado, las organizaciones mercantiles actuales, denominadas bajo el nombre común de "empresa", tienen hoy en día un papel vital en la configuración, desarrollo y evolución de nuestra sociedad. Su acrecentado protagonismo en el panorama económico actual las ha llevado a influir, como consecuencia natural, en otros campos de la vida humana relacionados con su dimensión social, política, cultural o ética, pues entre otras cosas determinan criterios de acción, estilos de vida, perspectivas de pensamiento y modos de concebir el mundo, e incluso participan en el establecimiento y delimitación de muchas de las metas y anhelos que a los hombres y mujeres que trabajan en ellas les parece importante lograr. De otro modo, ¿cómo podría ser la empresa vehículo de progreso técnico, si no progresan a su vez los autores de dicho progreso? ¿Cómo podría ser la empresa un lugar para la cooperación articulada en pos de fines comunes, si no pone las condiciones necesarias para que el hombre se desarrolle en comunidad? ¿Cómo podría fomentar la innovación y la creatividad, la inventiva y la gestión de nuevas ideas y nuevos proyectos, si no impulsa simultáneamente a las personas capaces de llevar todo esto a cabo?

---

43   Cfr. Carlos Llano, *op. cit.,* p. vii.

44   Por ello, nos extraña que el propio Valero, en su momento, no designara la creación y aportación de esta clase de valor como una finalidad esencial más del quehacer empresarial, rezagándola en cambio, a una posición secundaria o derivada: "Cabe señalar que, aunque no son finalidades propias ni objetivos institucionales de la empresa, educar o dar empleo forman parte de su actuación diaria".

Trabajar en una empresa no significa desdoblar la propia personalidad en una especie de esquizofrenia para cubrir las distintas facetas de nuestra vida, o desligarse por completo de otros ámbitos de la propia existencia. Carlos Llano nos dice:

el trabajo ha de ser en sí mismo compensador: ha de revertir sin intermediarios al hombre que trabaja, por lo que implica de desarrollo de capacidades, de autorrealización y de logro. Y la ausencia de estas implicaciones no podrá ser suplida nunca –y menos aún en el futuro– por la compensación económica.[45]

Todas las personas que laboran en una empresa, bajo un ambiente adecuado y movidos por las motivaciones correctas, tienen la posibilidad de desarrollarse, crecer como personas y ser mejores, todo lo cual se traduce en la creación de mayor valor personal.

La empresa puede ayudar a sembrar y difundir diversas habilidades y virtudes tales como la laboriosidad, la honestidad, la responsabilidad, el trabajo en equipo o la creatividad, que en su conjunto constituyen un *valor humano agregado* para quienes las ejercen. A cambio de su trabajo, un trabajador obtiene un salario, y también la oportunidad de aprender, así como la posibilidad de hacer algo por la sociedad, comprendiendo ésta tanto a la más inmediata, es decir, su familia, como a la mediata, aquella que se va a beneficiar con el uso de los bienes o servicios producidos. Por ello, consideramos que a las metas que definen a la empresa debe añadirse una cuarta, en aras de cumplir con las expectativas que genera para sus empleados, y por extensión, para la sociedad. La empresa, al crear riqueza satisfaciendo necesidades, tiene simultáneamente la posibilidad de crear *valor humano agregado* para los *stakeholders* que la conforman, particularmente sus trabajadores y directores, por lo que debe asumir con la mayor responsabilidad y amplitud de miras esta función. El hecho de que dicho objetivo permanezca usualmente velado u omitido no significa que carezca de importancia o

---

45 Carlos Llano, *op. cit.*, p. 50.

que pueda ser replegado a un papel secundario. Cumplir con las cuatro finalidades que hemos defendido para la empresa, incluyendo desde luego la generación de VHA, garantizará que ésta siga siendo una de las organizaciones más provechosas y útiles de nuestro tiempo; son estos "objetivos genéricos" los que hacen de las empresas auténticas instituciones de progreso, desarrollo y riqueza. Por el contrario, como se argumentará en el resto de este trabajo, omitir alguna de ellas, o replegarlas a un segundo plano, tarde o temprano lleva a la empresa inexorablemente hacia su extinción.

1.5. Modos de generar *valor humano agregado* en la empresa

Es un hecho que la creación de *valor humano agregado* como un pilar fundamental más de la empresa, es decir, como parte integral de las causas finales –al modo aristotélico– que la definen, no siempre ha resultado del todo evidente. Más aún, parece necesario argumentar de qué maneras esto sería posible, bajo pena de caer en una atrevida propuesta sin contenido concreto. Es así que, una vez que ha quedado afirmada la necesidad que tiene la empresa de *crear valor humano agregado* para sus miembros, el propósito inmediato es el de mostrar bajo qué criterios es posible afirmar que esto puede llevarse a cabo. En otras palabras, se trata de defender en qué sentidos se dice que la empresa colabora con la perfección del hombre.

La empresa en sí misma, en cuanto comunidad y producto humano, no puede permanecer al margen de los intereses y necesidades más definitorios y profundos de las personas que la integran. Ignorarlos o contravenirlos atenta contra su propia esencia y, por ende, a la larga, también afecta el logro de las otras tres finalidades, atrofiando paradójicamente su propia efectividad. Si las personas que trabajan en una empresa no se sienten conformes y satisfechas en ella, es probable que terminen haciendo mal su trabajo o renunciar. Esto repercutirá negativamente en el ambiente interno, pero también en los costos económicos, entre otras razones, por la alta rotación de empleo generada, por la fuga de talento y, sobre todo, porque los trabajadores no estarán dispuestos a dar todo de sí. Es por ello que estudiaremos algunos modos en los cuales la empresa puede ayudar al perfeccionamiento del hombre, proporcionándole valor. Éstos son: perfilando puestos de trabajo que permitan forjar el carácter, promoviendo una auténtica comunidad mediante la promoción de un *ethos* concreto y, finalmente, capitalizando la experiencia en generación de mayor conocimiento. A continuación, analizaremos las bases filosóficas y antropológicas que le dan sustento a cada uno de ellos.

CAPÍTULO 2

El trabajo como *prâxis* y la formación del carácter

2.1. El trabajo, la autorrealización humana y la felicidad

Como se mencionó en el capítulo anterior, una de las características más arraigadas en los seres humanos, a partir de su existencia en la Tierra, ha sido la de buscar los medios más adecuados para satisfacer todas sus necesidades, desde las que podemos considerar primarias, como el alimento y el vestido, hasta otras que pertenecen a ámbitos más elevados de la vida humana, como el conocimiento y la virtud. Al ejercicio humano para la procuración de dichos bienes lo conocemos con el nombre genérico de *trabajo*.

Esto quiere decir que cuando hablamos de *trabajo*, no nos referimos únicamente al "medio para ganarse la vida", triste y reducida acepción de nuestros tiempos, que resulta insuficiente e incompleta para comprender su esencia. El trabajo no se limita al ámbito económico, como instrumento para la producción material de bienes y servicios, o peor aún, exclusivamente a la actividad manual de la clase obrera. En realidad, es mucho más que eso; es una categoría de la existencia humana o, dicho de otro modo, una de las manifestaciones o expresiones de la vida humana. Se trata de todo esfuerzo, ya sea físico o intelectual, para transformar y desarrollar la naturaleza creada; "podemos decir que 'trabajan' todos aquellos que ejercen una actividad seria dirigida al desarrollo pleno de las personas y del orden de la sociedad".[1]

Este modo de categorizar el trabajo contrasta con otras posturas que, herederas de la tradición occidental más clásica y aristocrática, opacan su valor en favor de la vida política, cuyo fin es la deliberación sobre el mayor bien posible en la ciudad, o más aún de la vida contemplativa, propia del sabio o del monje, a las cuales queda supeditado. Es el caso de la tesis planteada en *La condición humana,* de Hannah Arendt. En este texto, su autora define el trabajo como la confirmación del hombre en sí mismo por contraposición a la naturaleza, a la que domina mediante la *labor,*[2] término con el que se refiere a todas las actividades encaminadas a la satisfacción de las necesidades más básicas, en intrínseca relación con el consumo. El *trabajo,* en cambio, producto de nuestras manos, constituye al hombre en un *Homo faber* cuyo fin radica en "fabricar la interminable variedad de cosas cuya suma total constituye el artificio humano".[3]

Empero –y aquí es donde disentimos–, Arendt, supedita el trabajo a una tercera actividad fundamental,[4] mediante la cual se ha dado la vida del hombre en la Tierra. Se trata de la *acción,* identificada como la actividad donde se percibe más claramente la diferencia cualitativa que separa al hombre del resto de la naturaleza; como el momento en que el hombre desarrolla la capacidad que le es más propia, la capacidad de ser libre, de trascender lo dado.[5] No es mediante el *trabajo* dominado por el criterio de utilidad, sino por medio de la *acción,* guiada mediante la libertad, donde el hombre confirma su plena racionalidad.

---

1   Teresa Ochoa Godoy, *La humanización del trabajo,* México, Jus, 1988, p. 13.

2   Cfr. Hannah, Arendt, *La condición humana,* Barcelona, Paidós, 2005, pp. 135-137.

3   Hannah Arendt, *op. cit.,* p. 157.

4   De esta forma quedan explicitadas las tres actividades fundamentales bajo las cuales se ha dado el hombre en la Tierra: la labor, el trabajo y la acción y el discurso, cuyo desenvolvimiento dará lugar a toda la tesis desarrollada en su obra, *La condición humana.*

5   Cfr. *Ibidem,* p. viii.

Actuar, en su sentido más general, significa tomar una iniciativa, comenzar (como indica la palabra griega *arjein*), conducir, y finalmente poner algo en movimiento (que es el significado original del *agere* latino). [...] El hecho de que el hombre sea capaz de acción significa que cabe esperar de él lo inesperado, que es capaz de realizar lo que es infinitamente improbable.[6]

Sólo mediante la acción y el discurso (el *logos* aristotélico), los hombres pueden revelar activamente quiénes son, su verdadera identidad y hacer su aparición en el mundo –nuestro mundo– esencialmente humano. En contraste, el trabajo, aunque no está sometido a un ritmo cíclico interminable como la labor, no goza de la misma trascendencia que la acción, pues tiene un fin limitado: el uso duradero, pero agotable. "Tener un comienzo definido y un fin definido 'predictible' es el rasgo propio de la fabricación que, mediante esta sola característica, se diferencia de las restantes actividades humanas".[7]

El trabajo, para Arendt, no está en el mismo nivel que la acción, porque la "estabilidad" u "objetualidad" del mundo artificial[8] que se construye con el trabajo, no puede mantenerse sin que a su vez los fines logrados se erijan como medios para otros fines, dando lugar a una cadena infinita cuyo motor principal es el uso. Todo se presenta como instrumento para realizar algo más:

El *Homo faber*, en la medida en que no es más que un fabricante y sólo piensa en términos de medios y fines que surgen directamente de su actividad de trabajo, es tan incapaz de entender el significado [de fin en sí mismo] como el *animal laborans* de entender la instrumentalidad. Y de la misma manera que los útiles e instrumentos que usa el *Homo*

---

6   *Ibidem*, pp. 200-202.

7   *Ibidem*, p. 163.

8   "El *Homo faber* es el que fabrica los utensilios y las herramientas para los laborantes, los cuales le representan la 'estabilidad del mundo'". Cfr. *Ibidem*, p. 164.

faber para erigir el mundo se convierten en el mundo del *animal laborans*, así la significación de este mundo, que realmente se encuentra más allá del alcance del *Homo faber,* se convierte para él en el paradójico 'fin en sí mismo'.[9]

Esta actitud respecto del mundo, nos dice Arendt, explicaría por qué los griegos, en su periodo clásico, declararon que todo el campo de las artes y de los oficios, donde el hombre trabaja con instrumentos para producir algo más, era *baunásico*, palabra cuya mejor traducción es la de *filisteo*, es decir, *vulgar de pensamiento* y *actuación de conveniencia* (aunque asombra que de este calificativo quedaban excluidos los grandes maestros de la cultura y arquitectura griegas).[10]

El problema de esta actitud no radica como tal en la comprensión de una parcela de realidad en términos de una mera racionalidad técnica, sino en su absolutización como paradigma de la vida en su totalidad. En la medida en que las cosas se apoderan del proceso de la vida, sólo para ser usadas, la productiva y limitada instrumentalidad de la fabricación se transforma en la ilimitada instrumentalización de todo lo que existe. La consecuencia es que la última esfera pública, el último lugar de reunión, relacionado al menos con la actividad del *Homo faber,* es el mercado de cambio en el que exhibe sus productos. Pero esto, critica Arendt, implica seguir atados a la necesidad, a menos que haya también espacio para la acción y el discurso, para la realización de "grandes hechos y la articulación de grandes palabras". Éstas son las únicas actividades capaces de dejar huella en la vida del hombre en su sentido no biológico, por no estar supeditadas a la necesidad, sino ser expresión de la libertad, es decir, de aquello más genuino y personal de cada ser humano, que permite distinguir a unos de otros por encima de las características comunes que nos identifican como miembros del mismo género humano. Por ello, nos dice Arendt, con el fin de que el mundo sea lo que siempre se ha considerado que debe ser, un hogar para los hombres

---

9   *Ibidem*, p. 173.

10   *Ibidem*, p. 175.

durante toda su vida en la Tierra, ha de ser un lugar apropiado para la acción y el discurso, para las actividades no sólo inútiles por completo a las necesidades de la vida, sino también de naturaleza enteramente diferente de las múltiples actividades de fabricación con las que se produce el mundo y todas las cosas que cobija.[11]

Precisamente aquí es donde nos atrevemos a introducir nuestra primera sugerencia, no libre de controversia: el trabajo, aunque sometido a una dinámica instrumental como vehículo para la obtención de bienes determinados, también es escenario propicio para la acción, porque igualmente puede revelar la verdadera identidad, la auténtica naturaleza del ser humano. El trabajo también es un ámbito para el despliegue del *logos* y de la libertad, para la iniciativa y la acción, en el que puede quedar cristalizado lo originario, lo único e irrepetible, que brota desde lo más profundo de cada ser humano. A pesar de ser despreciado por quienes aún lo identifican con lo "servil", con lo "vulgar" o con "lo instrumental", en realidad el trabajo puede ser también motivo de autoafirmación personal en su sentido más pleno; una vía de acción, mediante la cual el hombre se introduce a sí mismo como una novedad en el mundo, y como medio para distinguirse respecto de sus congéneres.

El trabajo no puede ser clasificado sino como una acción humana en el sentido más pleno del término, cuyo origen es el hombre mismo en cuanto que es capaz de deliberación y elección. El trabajo, como muchos otros actos humanos, proviene de la libertad y la voluntad del sujeto que lo ejerce, quien funge como su causa eficiente; por la misma razón, puede ser conducido y determinado hacia el bien o hacia el mal. Tal aseveración encuentra su ancla en cierta lectura de la naturaleza humana como principio y fin del actuar humano, cuyo germen se encuentra, paradójicamente, en los clásicos: "El sujeto es principio de la acción porque en él se da la deliberación y la elección; resultado del apetito y el raciocinio, en vistas a un fin. En el sujeto se dan apetito, razón y fin".[12] Trabajando pues, llevamos a plenitud nuestras

---

11   Cfr. *Ibidem*, p. 190.

12   Héctor Zagal, *Límites de la argumentación ética en Aristóteles*, México, Publicaciones Cruz O, 1996, p. 93.

facultades, perfeccionándolas, pero también construimos "nuestro mundo", el mundo propiamente humano. Somos seres naturales, pero no nos reducimos únicamente a ello, aunque hayamos nacido, primigeniamente, en un mundo natural. Nos hemos visto en la necesidad de transformar este mundo originario en algo para nosotros; en cierto artificio. Por medio del trabajo el hombre pone la naturaleza a su servicio y la domina, sin que ello signifique explotarla –en un sentido negativo–, sino vivir en armonía con ella.

No vivimos únicamente sometidos al ciclo natural de la necesidad. También contamos con libertad que, expresada en el trabajo, ha sabido adaptar y construir sobre la necesidad para crear "un mundo de cosas" que ha adquirido un dinamismo hasta cierto punto autónomo de sus autores: instrumentos, hogares, ciudades, instituciones, gobiernos, empresas, todos productos del ingenio humano que necesitamos para sobrevivir. "Este carácter duradero de las cosas del mundo les da una relativa independencia respecto a los hombres que las producen". Mediante el trabajo hemos construido nuestro mundo, un mundo esencialmente humano. En consecuencia, el trabajo se constituye en uno de los modos fundamentales de manifestación del hombre en la tierra, manifestación que además puede convertirse en fuente de identidad y distinción frente al resto de sus semejantes. El trabajo, pues, emerge de la misma naturaleza del hombre.

Ahora bien, ¿cómo podemos saber cuál es el fin hacia el cual queremos dirigir todas nuestras acciones, incluyendo el trabajo mismo? Dicho de otro modo, ¿cuál es el criterio a partir del cual podemos determinar y dotar de sentido a nuestras acciones, con miras a integrar un todo coherente, el cual dará sentido a nuestra propia vida? Aristóteles se hace esta misma pregunta en la *Ética nicomáquea*, y su respuesta parece del todo convincente: la felicidad.

> Tal parece ser, sobre todo, la felicidad, pues la elegimos por ella misma y nunca por otra cosa, mientras que los honores, el placer, la inteligencia y toda virtud, los deseamos en verdad, por sí mismos (puesto que desearíamos todas estas cosas, aunque ninguna ventaja resultara de ellas), pero también los deseamos a causa de la felicidad, pues

pensamos que gracias a ellos seremos felices. En cambio, nadie busca la felicidad por estas cosas, ni en general por ninguna otra.[13]

Sin embargo, descubrir la felicidad como fin último del hombre es apenas el primer paso. Todos queremos ser felices, pero no todos estamos de acuerdo en qué consiste la felicidad. Para el estagirita, la respuesta se encuentra atendiendo a la naturaleza misma del hombre y, en concreto, a su función. Si el ser humano está constituido según una forma determinada, entonces la felicidad consistirá en actuar de acuerdo con dicha forma, de la manera más perfecta posible. Con este criterio excluye el placer, el honor, las riquezas y otros bienes exteriores, pues la felicidad humana debe ser actividad de la parte más noble del hombre:

> Si la felicidad es una actividad de acuerdo con la virtud, es razonable [que sea una actividad] de acuerdo con la virtud más excelsa, y ésta será una actividad de la parte mejor del hombre. Ya sea, pues, el intelecto, ya otra cosa lo que por naturaleza parece mandar y dirigir y poseer el conocimiento de los objetos nobles y divinos, siendo esto mismo divino o de la parte más divina que hay en nosotros, su actividad de acuerdo con la virtud propia será la felicidad perfecta. Y esta actividad es contemplativa, como ya hemos dicho.[14]

Si el alma es más propia del hombre que su cuerpo, entonces la felicidad tendrá más relación con la actividad del alma que con la del cuerpo; y de las actividades del alma, con aquella que corresponda a la parte más excelente, a saber, el alma intelectiva o racional, cuya función propia y específica, aquella que lo distingue de los animales, las plantas y los seres inferiores, es el conocimiento intelectual o contemplación. De este modo, según Aristóteles, la felicidad para el hombre en su sentido más pleno consiste en una vida teorética o contemplativa, y en cuanto ésta puede llamarse perfecta, se

---

13   Cfr. Aristóteles, *Ética nicomáquea*, I, 7, 1097b 1-6.

14   Aristóteles, *op. cit.*, X, 7, 1177a 12-19.

trata de una vida virtuosa: "(...) el bien humano resulta ser una actividad del alma (ψυχῆς ἐνέργεια) según su perfección (ἀρετή); y si hay varias perfecciones, según la mejor y más completa, y todo esto, además, en una vida completa (...)".[15] Mientras una vida que sólo se centra en la obtención de placeres sensibles para satisfacer el aspecto meramente material y corpóreo es más propia de animales que de hombres; una vida dedicada a la contemplación parece ser la más plena posible, porque responde al acto humano que con mayor fuerza aspira a desarrollarse de un modo pleno.

> La felicidad por tanto es coextensiva a la contemplación, y los seres en quienes en mayor grado se encuentra el ejercicio de la contemplación son también los más felices, y esto no por accidente, sino como algo inherente a la contemplación, pues ésta es por sí misma digna de respeto. La felicidad, por consiguiente, es una forma de contemplación.[16]

La contemplación es la acción más noble, pues se busca por la bondad intrínseca que supone y no por algún otro fin ulterior; asimismo, es la que en grado sumo permite la autarquía del hombre, es decir, una vida completa y suficiente, en tanto que no necesita de otros para tener lugar, pues el sabio, aun estando solo, puede teorizar, y cuanto más sabio, más, y aunque quizá fuera para él mejor tener colegas, con todo, es el que más se basta a sí mismo.[17] El objeto o causa final que mueve dicha contemplación es el conocimiento de las cosas que no pueden ser de otra manera, es decir, los entes cuyos principios son necesarios, y como el primero de ellos, la contemplación del Acto Puro o Primer Motor, que más tarde Tomás de Aquino identificará expresamente con el Dios cristiano entendido como Sumo Bien. Sin embargo, si la auténtica felicidad consiste en el conocimiento del Bien supremo –siendo el gozo el efecto inmediato de su posesión cognoscitiva–, ésta sólo puede alcanzarse de manera perfecta después de la muerte,

---

15   Cfr. *Ibidem*, I, 7, 1098a 16ss.

16   *Ibidem*, X, 8, 1178b 30-35.

17   Cfr. *Ibidem*, X, 7, 1177a 31-35.

al gozar de la contemplación beatífica;[18] dicho de otra forma, la felicidad a la que podemos aspirar en la vida presente no puede ser absoluta ni total si no se proyecta hacia cotas más altas, como es el conocimiento y el amor a lo divino. En contraste por lo dicho por el filósofo griego, para el gran teólogo medieval, la perfecta felicidad, el fin último, no se alcanza plenamente en esta vida, pues consiste básicamente en la visión de Dios:

> Como parece que no siempre se alcanzan las condiciones expuestas sobre la felicidad [operar según la virtud perfecta y tener suficientes bienes exteriores para los actos de virtud, no por un periodo corto de tiempo sino prácticamente durante toda la vida], acota que llamamos felices a los que son dichosos como hombres los cuales, sujetos a las mudanzas en esta vida, no pueden tener una felicidad perfecta. Como el deseo de la naturaleza no es inútil, puede rectamente estimarse que la felicidad perfecta está reservada al hombre después de esta vida.[19]

La felicidad consiste pues en "una actividad del alma de acuerdo con la virtud".[20] Sin embargo, la contemplación no es la única actividad de la cual el alma humana es principio. Aunque la vida conforme a lo propio del intelecto es la más feliz, y la que más nos asemeja a la divinidad, el hombre también posee una dimensión corporal que lo sitúa histórica y socialmente en el mundo, y que no le exime de requerir tanto un mínimo de bienes externos, como de la compañía y ayuda de otros seres humanos. "Siendo humano, el hombre contemplativo necesitará del bienestar externo, ya que nuestra naturaleza no se basta a sí misma para la contemplación, sino que necesita de la salud corporal, del alimento y de los demás cuidados."[21] En otras palabras, el hombre feliz no puede prescindir de ciertos recursos, así como de la

---

18 Cfr., Héctor Zagal, *op. cit.*, p. 212.

19 Santo Tomás de Aquino, *Comentario a la Política de Aristóteles,* trad. Ana Mallea, Pamplona, EUNSA, 2001, I, XVI, 123.

20 Aristóteles, *op. cit.*, I, 13, 1102a 5.

21 *Ibidem*, X, 8, 1178b 30-35.

convivencia con otras personas, no sólo para satisfacer sus necesidades, sino más aún, para lograr una vida autosuficiente y plena. Sin embargo, incluso las actividades relativas a las acciones y pasiones del ser humano no están exentas de ser vividas de acuerdo con la virtud, es decir, con un modo perfecto o excelente en su desempeño.

En todo caso, lo importante es apuntar que para la filosofía clásica la felicidad no es estática, sino un *ergon* que se manifiesta como actividad, pero como la actividad más perfecta, aunque desde luego esto no signifique rechazar que para ser feliz –al menos en el sentido secundario o derivado– también es necesaria una cantidad moderada de bienes exteriores y afectos humanos.[22] La felicidad plena no se alcanza de manera perfecta en esta vida, pero en esta vida sí se trabaja por su logro, mediante la expansión de la propia naturaleza para lo cual es necesario el ejercicio de la virtud, un modo de ser que perfecciona tanto nuestra capacidad para conocer la verdad ya sea especulativa o práctica, como la disposición del carácter, lo cual en última instancia nos permite tanto convivir con los otros y dominar las pasiones, como forjar a cada persona el camino que la dirigirá hacia la contemplación y el gozo del Sumo Bien como fin último. Veamos entonces cómo el trabajo humano es ocasión para la práctica de la virtud.

2.2. La virtud como principio de acción

Según su acepción genérica, la virtud es un modo de ser habitual que orienta la acción humana hacia su fin propio.

> Se ha de notar pues, que toda virtud lleva a término la buena disposición de aquello de lo cual es virtud y hace que realice bien su función; por ejemplo, la virtud del ojo hace bueno el ojo y su función (pues vemos bien por la virtud del ojo); igualmente, la virtud del caballo hace bueno el caballo y útil para correr, para llevar el jinete y para hacer

---

22 Cfr. Héctor Zagal, *op. cit.*, p. 100 y ss.

frente a los enemigos. Si esto es así en todos los casos, la virtud del hombre será también el modo de ser por el cual el hombre se hace bueno y por el cual realiza bien su función propia.[23]

Hemos mencionado que la función propia del hombre es conocer la verdad, aunque Aristóteles distingue distintas disposiciones por las cuales ésta puede ser alcanzada, y que permiten identificar las partes intelectivas de las que el hombre es principio y que son principalmente dos: una que llama "teórica" o "especulativa", cuya función es la de entender y, en general, percibir las clases de entes cuyos principios no pueden ser de otra manera; y otra "práctica" o también llamada "deliberadora", que percibe lo contingente en orden a la acción.[24] Tanto la razón en su uso teórico o contemplativo, como en su uso práctico –denominación con la que nos referiremos a estas dos partes racionales del alma– pueden ser perfeccionadas por las virtudes llamadas "dianoéticas" o "intelectuales", y contrastan a su vez con la parte irracional del alma, o mejor dicho, con otro tipo de operaciones del hombre de las cuales el alma es principio, a saber, de todas aquellas que no tienen su origen en la razón aunque pueden ser orientadas por ésta, y que Aristóteles denomina "acciones" y "pasiones humanas".

Ahora bien, la razón en su uso teórico puede ser perfeccionada por tres disposiciones distintas para poseer la verdad al afirmar o negar: ciencia (ἐπιστήμη, *episteme*), sabiduría (σοφία, *sophía*) e intelecto (νοῦς, *nōus*). Y dos específicas para su uso práctico: arte (τέχνη, *techné*) y prudencia (φρόνησις, *phrónesis*).[25] Las cinco son intelectuales porque orientan de distintos modos la facultad racional hacia la verdad, de la que procede la actividad propiamente humana. Un hábito intelectual es una disposición del intelecto para entender, juzgar o razonar de una determinada manera. La naturaleza de esa disposición varía según se trate de una virtud intelectual o

---

23 Aristóteles, *op. cit.*, II, 6, 1106 a 15-20.

24 *Ibidem*, VI, 1, 1139a 5-15.

25 *Ibidem*, VI, 3, 1139b 16 y ss. En lo que resta de este trabajo, utilizaremos los términos en español, o en su defecto y ocasionalmente, latinizados.

práctica, o mejor dicho, dianoética o ética.[26] Así, tres de estos hábitos, a saber, *episteme, nōus* y *sophía* son principio de operaciones únicamente especulativas, mediante las cuales se conoce lo necesario; pero también el alma posee dos hábitos o virtudes intelectuales cuyas operaciones se dirigen hacia el conocimiento práctico, es decir, se mueven en el ámbito de lo contingente y particular: la *phrónesis*, "prudencia", "buen juicio", "sensatez", y la *techné*, "técnica", "arte". Todas tienen por objeto la verdad, aunque teórica en un caso y práctica en el otro.

De particular interés para nuestra reflexión son las virtudes prácticas, tanto la *phrónesis* dirigida a la acción, como la *techné* que perfecciona el modo de ser productivo. En cuanto a la *phrónesis*, virtud de la recta razón, permite al hombre deliberar rectamente sobre lo que es bueno y conveniente para sí mismo, no en un sentido parcial, respecto de la fuerza o de la salud, sino para vivir bien en general.[27] Tal deliberación no puede ejercerse sobre objetos cuyos principios son necesarios y no pueden ser de otra manera –como las matemáticas–, pero tampoco sobre cosas pasadas, sino sobre lo contingente y particular, es decir, sobre el propio actuar humano, con la mira en lo que es mejor para la persona.

En contraposición, la *techné* es "un arte y un modo de ser racional para la producción, de modo que serán lo mismo el arte y el modo de ser productivo acompañado de razón verdadera".[28] Su objeto es la génesis de los objetos que serán producidos, por lo que propiamente no puede haber arte de cosas que son o que llegan a ser por necesidad, ni tampoco de cosas que se producen de acuerdo con su naturaleza, pues éstas tienen su principio en sí mismas.[29] En cambio, el arte o *tecnhé* es una deliberación acompañada de razón verdadera de un intelecto creador en orden a la producción de un algo distinto de él.

---

26 Héctor Zagal, *op. cit.*, p. 116; Aristóteles, *op. cit.*, I, 13, 1102b 35-40.

27 Aristóteles, *op. cit.*, VI, 5, 1140a 22-27.

28 *Ibidem*, VI, 4, 1140a 6-10.

29 Cfr. *Ibidem*, VI, 4, 1140, 10-15.

Por otra parte, dentro de la amplia gama de operaciones de las cuales el alma también es principio –que tienen su origen en lo que Aristóteles denomina la parte irracional del alma– el filósofo distingue entre aquellas que de ningún modo están sometidas a la razón –es decir, las operaciones vegetativas– y aquellas que, sin brotar de la razón, sí pueden quedar sometidas a ella. En el primer caso, se trata de operaciones comunes con los demás seres vivientes, principalmente la nutrición y el crecimiento, por lo que su virtud o excelencia es común y no humana o, en otras palabras, son objeto de perfecciones que no le corresponden al alma sino al cuerpo.[30] En cambio, hay otra parte del alma irracional, cuyas operaciones, aunque no proceden o brotan de la razón, pueden quedar sometidas a ésta, por lo que pueden ser perfeccionadas por la virtud prudencial del alma racional. Se trata de lo apetitivo, y en general, de lo desiderativo, cuyas inclinaciones, aunque naturalmente opuestas a la recta razón,[31] pueden ser persuadidas por ésta para alinear e identificar el placer y su consecuente aversión al dolor con el verdadero bien como fin último, y forjar de este modo el carácter. Aquí tienen su lugar las virtudes éticas.

Las virtudes éticas regulan tanto acciones como pasiones, en las que se puede caer tanto en el exceso como en el defecto y su propósito es el logro del término medio. Este tipo de virtud es un modo de ser selectivo, que se propone la excelencia en relación con el sujeto mediante la razón y por aquello por lo que decidiría el hombre prudente. Es un bien óptimo entre dos extremos que no alcanzan, o bien, sobrepasan lo necesario en las pasiones y acciones.

El término medio es apuntado por la recta razón perfeccionada mediante la virtud intelectual de la prudencia. En otras palabras, la recta razón es la que determina el justo medio de las virtudes morales y es obra de la sabiduría práctica –*phrónesis*–. Su norma es la verdad que está de acuerdo

---

30 Cfr. *Ibidem*, I, 13, 1102a 15 y ss donde dice: "Llamamos virtud humana no a la del cuerpo, sino a la del alma".

31 Se trata de inclinaciones naturales que tienen como común denominador su tendencia al placer y, por ello, la tarea de la virtud es el de redirigirlas según la recta razón Cfr. *Ibid.*, II, 1109a 10-15.

con el recto deseo, pero el límite o norma de esta recta razón es la contemplación, obra de la filosofía, *sophía*.

El resultado del cultivo conjunto de esas virtudes, concentradas en dirigir a la persona humana hacia la excelencia, es un modo de ser calificado por Aristóteles de "elogiable", y en esto consiste precisamente la formación del carácter. Entre las virtudes éticas necesarias para modificar y perfeccionar el principio de acción personal se encuentran la justicia, la valentía, la magnanimidad, la liberalidad, la amabilidad, la sinceridad, la mansedumbre, la magnificencia, la sinceridad, la agudeza, el pudor y la vergüenza, así como la amistad, las cuales podemos encontrar ampliamente analizadas en la misma *Ética nicomáquea*. En su conjunto, todas ellas hacen de cada hombre un ser autosuficiente, capaz de gestionar todo lo necesario para tener una vida feliz y completa. Y, aunque una vida conducida por las virtudes éticas podría ser calificada de feliz en un sentido más limitado y circunscrito a las necesidades y aspiraciones cotidianas de la vida corriente, en todo caso constituye el camino de perfección moral que en última instancia puede conducir a la persona al encuentro de la verdadera felicidad en su sentido más pleno:

> La vida de acuerdo con la otra especie de virtud (virtud ética) es feliz de una manera secundaria, ya que las actividades conforme a esta virtud son humanas. En efecto, la justicia, la valentía y las demás virtudes las practicamos recíprocamente en los contratos, servicios y acciones de todas clases, observando en cada caso lo que conviene con respecto a nuestras pasiones. Y es evidente que todas esas cosas son humanas. Algunas de ellas parece que incluso proceden del cuerpo, y la virtud ética está de muchas maneras asociada íntimamente con las pasiones. También la prudencia está unida a la virtud ética, y ésta a la prudencia, si, en verdad, los principios de la prudencia están de acuerdo con las virtudes éticas, y la rectitud de la virtud ética con la prudencia. Puesto que estas virtudes éticas están también unidas a las pasiones, estarán, asimismo, en relación con el compuesto

humano, y las virtudes de este compuesto son humanas; y, así, la vida y la felicidad de acuerdo con estas virtudes serán también humanas.[32]

La virtud determina el modo de actuar del hombre hacia el bien. De ahí que las virtudes se constituyen en principios de acción, lo cual se sustenta en cuatro motivos:

En primer lugar, por su misma naturaleza, *i. e.*, la virtud es una disposición estable para la acción. En segundo lugar, porque es mediante la virtud como el hombre sabe cuáles son los *fines finales* pertinentes para alcanzar la felicidad. En tercer lugar, porque la virtud preserva el primer principio,[33] que es condición de posibilidad o punto de partida de la acción ética y, en cuarto lugar, porque la virtud es el fin último, pues en un sentido, como ya dijimos, la felicidad se encuentra en la vida virtuosa.[34]

Los hábitos en sentido aristotélico conllevan la autoposesión de la propia naturaleza como su fin. Gracias al hábito, el hombre se hace dueño de sí mismo, señor de su *physis*. Por ello, para alcanzar la felicidad es preciso llevar una vida virtuosa. La virtud aumenta las posibilidades de actuar bien, algo que de hecho no es fácil. La posesión de virtudes bien arraigadas constituye una especie de segunda naturaleza, con su consecuente tendencia al bien: "...y llamamos virtudes a los *modos de ser* elogiables".[35] En este sentido, tanto actuar como padecer según la virtud es el fin que le da sentido a la vida humana, de manera que la felicidad se defina en términos de causa última de nuestra existencia, no en tanto extremo cronológicamente último de la vida terrenal, sino como sustrato que alimenta y da sentido al mero vivir, proponiéndole que no se realice de cualquier modo, sino de la manera más plena posible.

---

32   Cfr. *Ibidem*, X, 8, 1178a 9-20.

33   Es decir, la virtud hace más fácil la contemplación de los primeros principios morales, la *synderesis*.

34   Cfr. Héctor Zagal, *op. cit.*, p. 96.

35   Aristóteles, *op. cit.*, I, 13, 1102b 35-40.

2.3. *Prâxis* y *poíesis*

Aunque las disposiciones según las cuales cada parte del alma alcanza la verdad son cinco, el estagirita afirma que sólo son tres las actividades que competen a estas formalidades cognoscitivas, las cuales a su vez se diversifican por el grado de inmanencia de sus distintas operaciones: *theoría* como actividad propia de la *episteme, sophía* y *nōus; prâxis* como actividad relacionada con el hábito prudencial, es decir, con la *phrónesis,* y *poíesis* como actividad de la *techné.*[36] La clasificación anterior da lugar a su vez a tres clases de ciencias, dependiendo de su objeto de estudio. En primer término, tenemos a las ciencias teóricas, que son la Física, las Matemáticas y la Metafísica;[37] en segundo lugar, las ciencias prácticas, que corresponden principalmente a la Ética y a la Política, mientras que el contenido de las obras *Retórica* y *Poética* forman parte de las ciencias productivas.[38] El objetivo primordial del primer tipo de ciencias es la contemplación, mientras que del segundo y tercer tipo es la transformación. Así pues, las ciencias prácticas tienen en común con las productivas el propósito de transformar, diferenciándose del objeto donde recae la mentada transformación. Si en una especie de movimiento reflexivo la transformación recae sobre el propio sujeto que realiza la actividad, se configura como *practein* (practicar) en su ejercicio concreto, o *prâxis* (práctica) en su consideración subjetiva abstracta, equivalentes al *agere* (hacer) y a la *actio* (acción) latinos. Virtudes tales como la magnanimidad o la sinceridad son ejemplos de acciones "prácticas" en cuanto que son los sujetos que las ejercen simultáneamente los objetos que quedan perfeccionados por ellas. En cambio, si el término de la transformación reside en una realidad

---

36 Cfr. Virginia Aspe, *El concepto de arte, técnica y producción en Aristóteles,* México, Fondo de Cultura Económica, 1993, p. 25.

37 "Con que tres serán las filosofías teóricas: las matemáticas, la física y la teología (no deja de ser obvio, desde luego, que lo divino se da en esta naturaleza, si es que se da en alguna parte), y la más digna de estima [de ellas] ha de versar sobre el género más digno de estima. Y es que las ciencias teóricas son, ciertamente, preferibles a las demás y de las teóricas, ésta [es la preferible]." Aristóteles, *Metafísica,* VI, 1, 1026a 18-20.

38 Cfr. Virginia Aspe, *op. cit.,* pp. 38-39.

ajena al sujeto que la lleva a cabo se toma entonces como *póiein* (producir), si se alude al ejercicio concreto, o *poíesis* (producción), si hace referencia a su situación abstracta, expresiones que a su vez son equivalentes o paralelas a los vocablos latinos *facere* y *factio*.[39] Éste es el caso, por ejemplo, de la técnica necesaria para esculpir una estatua o construir un edificio, donde el fin de lo producido, es decir, la estatua o el edificio, tiene su principio en un sujeto ajeno, es decir, el agente que realiza la actividad necesaria para llevarlo a cabo.

La interpretación más común, y quizá la más simple, asegura por ejemplo, que mientras al hábito intelectual de la *phrónesis* es principio de actos *prácticos*, a la *techné* le corresponden exclusivamente acciones de tipo *productivo*, y así lo da a entender el mismo Aristóteles cuando señala:

la producción es distinta de la acción (uno puede convencerse de ello en los tratados exotéricos); de modo que también el modo de ser racional práctico es distinto del modo de ser racional productivo. Por ello, ambas se excluyen recíprocamente, porque ni la acción es producción, ni la producción es acción.[40]

En principio podríamos clasificar al trabajo humano como una actividad transformadora de tipo *poiético* o productivo. Cuando trabajamos, transformamos una realidad externa de nosotros; modificamos materia para adecuarla a nuestras necesidades. La actividad de la producción tiene su culmen y fin en lo producido, y no en el acto de la producción, tal como señala el propio Aristóteles:

Sin embargo, es evidente que hay algunas diferencias entre los fines, pues unos son actividades y otros obras aparte de las actividades; en

---

39 Cfr. Carlos Llano, *Sobre la idea práctica*, México, Ediciones Cruz O, 1998, p. 68.

40 Aristóteles, *Ética nicomáquea*, VI, 4, 1140a 1-3. Sin embargo, como mostraremos a continuación, también será posible darle otra interpretación a este pasaje, que nos permitirá demostrar cómo el trabajo, que en principio es pura *poíesis* también comparte un modo de ser racional práctico.

los casos en que hay algunos fines aparte de las acciones, las obras son naturalmente preferibles a las actividades.[41]

De este modo, el pasaje anterior parece insinuar, si se toma aisladamente, que el trabajo se corresponde con una acción de tipo *poiético*, que culmina su fin exclusivamente en la realización del objeto producido.

Empero, nuestro propósito es mostrar en qué sentido la diferenciación anterior admite una interpretación más amplia si atendemos a otros fragmentos de la misma *Ética*. Dicho brevemente, y como tendremos oportunidad de exponer a continuación, para nosotros el trabajo como actividad implica una transformación que no se limita a las obras tangibles o intangibles que tiene como fines, sino que también ejerce una transformación inmanente y concomitante del agente o trabajador. De hecho, la defensa de esta idea constituye el núcleo del primer parámetro de la tesis central que guía este trabajo: la empresa puede *crear valor humano agregado* porque es un lugar que naturalmente fomenta el trabajo, y el trabajo es una actividad cuya importancia no se agota únicamente en el objeto producido, pues el hecho mismo de su ejercicio también supone –o en su defecto, evita– cierto perfeccionamiento moral y racional de su agente.

Para defender esta idea, nos remontaremos nuevamente al estudio de la *prâxis*, y sobre todo a su sentido principal, descrito en el capítulo 6 del libro IX de la *Metafísica*, donde aparece contrapuesto a la noción de *kínesis* (κίνεσις) o movimiento. En dicho pasaje, Aristóteles define a la *prâxis* perfecta como aquella acción que es fin en sí misma: "acción (*energeia*) es aquello en lo que se da el fin".[42] *Prâxis* perfecta es pues la acción que posee ella misma el fin en lugar de estar limitada por un fin diferente de ella misma, como sería el caso de la *kínesis*; justo ahí radica el fundamento de su distinción, es decir, en la relación con el fin. Por tanto, podemos encontrar cuatro características propias de la *prâxis* perfecta: *(i)* un acto ejercido por el agente; *(ii)* de clase tal que el acto brota exclusivamente del agente

---

41 *Ibid.*, I, 1, 1094a 5.

42 Aristóteles, *Metafísica*, IX, 6. 1048 b 22.

por espontaneidad pura; *(iii)* que transforma al agente por el mero ejercicio del acto; *(iv)* y cuya finalidad natural y *ergon* es el acto ejecutado.[43]

El ejemplo por antonomasia de una *prâxis perfecta* es el Acto Primero en su propio autoconocimiento, el *noesis noeseos,*[44] carente por completo de potencia, y por ende, de cualquier clase de movimiento. Análogamente, la actividad intelectual del hombre también es en él la más *práctica,* aunque, como veremos a continuación, no con el mismo nivel de actualidad que el primer acto. El movimiento *kinético,* en cambio, lejos de identificarse con su propio fin, está limitado por él, subordinado a él, de modo tal que sólo existe mientras ostenta tendencia hacia el fin, hacia la posesión del fin, que se encuentra únicamente al final de la actividad:

> Puesto que ninguna de las acciones que tienen término constituye el fin, sino algo relativo al fin, como, por ejemplo, del adelgazar lo es la delgadez, y el sujeto, mientras está adelgazando, está en movimiento en cuanto que aún no se da aquello para lo cual es el movimiento, ninguna de ellas es propiamente acción o, al menos, no es acción perfecta (ya que no es el fin). En ésta, por el contrario, se da el fin y la acción. Así, por ejemplo, uno sigue viendo [cuando ya ha visto], y medita [cuando ya ha meditado], y piensa cuando ya ha pensado, pero no sigue aprendiendo cuando ya ha aprendido, no sigue sanando cuando ya ha sanado. Uno sigue viviendo bien cuando ya ha vivido bien, y sigue sintiéndose feliz cuando ya se ha sentido feliz. Si no, deberían cesar en un momento determinado, como cuando uno adelgaza. Pero no es éste el caso, sino que se vive y se ha vivido. Pues bien, *de ellos los unos han de denominarse movimientos y los otros, actos.* Y es que todo movimiento

---

43 Cfr. Héctor Zagal, *op. cit.,* p. 170. Sobre la *prâxis pura* o *perfecta,* Zagal añade lo siguiente: "La *prâxis* pura definida en los términos anteriores es un acto aislado y completamente subjetivo, donde 'lo exterior' no aporta nada o casi nada al sujeto de la *prâxis* pura. Si el *ergon* de la *prâxis* es el acto del agente y la auto-transformación del agente se da a través de dicho acto, únicamente cabe hablar de la *prâxis* como autoafirmación de la propia espontaneidad".

44 "Por consiguiente, si [el Acto Primero] es la cosa más excelsa, se piensa a sí mismo y su pensamiento es pensamiento de pensamiento". Cfr. Aristóteles, *Metafísica,* XII, 9, 1074b, 32-35.

es imperfecto: adelgazar, aprender, ir a un sitio, edificar. Éstos son movimientos y, ciertamente, imperfectos. En efecto, no se va a un sitio cuando ya se ha ido a él, ni se edifica cuando ya se ha edificado, ni se llega a ser algo cuando ya se ha llegado a ser o está uno en movimiento cuando ya se ha movido, sino que son cosas distintas, y también lo son mover y haber movido. Por el contrario, uno mismo ha visto y sigue viendo, piensa y ha pensado. A esto lo llamo yo acto, y a lo otro, movimiento.[45]

Los modos distintos de referirse al fin ya sea poseyéndolo, ya sea tendiendo hacia él, determinan estos dos tipos de actualidad. Sin embargo, en sentido estricto, acciones del hombre como la vista o el conocimiento, las cuales son consideradas como *prácticas* en la *Metafísica*, no lo son de manera perfecta al modo del *noesis noeseos* del Acto Primero. Esto se debe a que, aunque el fin al que tienden es su ejercicio mismo –el fin de la vista es estar *viendo*–, su propio hacer también necesita alguna clase de movimiento, pues toda actividad *práctica* humana está inscrita dentro de cierta potencialidad.

La definición del movimiento procede de la existencia previa de una potencia –una facultad o un sentido–, cuya actualidad es, por ejemplo, conocer o sentir. Las actividades de carácter *práctico*, siendo ilimitadas en cuanto a su término por poseerlo tienen, sin embargo – excepción de la actividad del primer motor– un inicio en el tiempo. Antes de ver o de entender sólo hay potencia de ver o de entender, facultad sensitiva o cognoscitiva, descrita por Aristóteles en términos de potencia:

Así pues, puesto que la palabra "sentir" solemos utilizarla con dos acepciones –solemos en efecto, decir que "ve" y que "oye" todo aquel que puede ver y oír aunque acaso esté durmiendo, y también lo decimos del que está actualmente viendo y oyendo– habrá que distinguir igualmente en la palabra "sensación" dos acepciones, la una en potencia y la otra en acto.[46]

---

45 *Ibid.*, IX, 6, 1048b 22-30. Las cursivas son nuestras.

46 Aristóteles, *De anima*, II, 5, 417a 10-15.

Y una vez que se ve o que se entiende, sólo hay perfecta actualidad de la facultad con su objeto,[47] y queda excluido cualquier proceso intermedio entre los dos momentos. Precisamente, la inmanencia propia de la *prâxis* consiste en esa identificación entre facultad y sensible o inteligible.

En este sentido, la vida de los entes sensibles podrá entenderse como *prâxis*, pero no perfecta; una *prâxis* a medio camino entre la perfecta actualidad y el movimiento más bien característico de la *kínesis*: "Comencemos, pues, hablando como si padecer, ser movido y estar en acto fueran lo mismo: desde luego, el movimiento constituye también un cierto tipo de acto, si bien imperfecto, como quedó dicho en otro lugar".[48] Sin embargo, tampoco es *kínesis* –es decir no tiene un límite ajena a ella misma– en cuanto que es ella misma, su ejercicio, su único fin. Pero tampoco es perfecta operación, por cuanto su ejercicio supone un proceso. Se entiende por ello que en el ámbito de la vida humana, Aristóteles considere posible el crecimiento; un perfeccionamiento final que siendo en sí mismo una actividad vital, no se identifica sin más con el vivir, sino con el vivir bien, el ser feliz, que es "vida de un carácter especial".[49] Por ello, podemos decir que la vida humana es un constante hacerse a sí mismo, un constante construirse y perfeccionarse, que podemos calificar como acción *práctica*, aunque al parecer siempre requiera de *movimiento* que lleve de la potencia al acto. No hay identidad perfecta sin más entre la actividad y su fin, sino que tal identidad se realiza sólo en el paso de la vida feliz, una vida que para Aristóteles consiste primordialmente en la actividad contemplativa de la razón, y que tiene como modelo la vida divina.[50] Sin embargo, dicha vida buena tampoco es un movimiento *kinético*, porque su fin es su propia realización:

Pero quizás hay no pequeña diferencia en poner el bien supremo en una posesión o en un uso, en un modo de ser o en una actividad. Porque

---

47 Aristóteles, *op. cit.*, II, 2, 425b 29.

48 *Ibid.*, II, 5, 417a 21.

49 Aristóteles *Metafísica*, IX, 8, 1050 b 1.

50 Aristóteles, *op. cit.*, XII, 7, 1072 b 14.

el modo de ser puede estar presente sin producir ningún bien, como el que duerme o está inactivo por cualquier otra razón, pero con la actividad esto no es posible, ya que ésta actuará necesariamente y actuará bien.[51]

En la *Ética nicomáquea*, así como más adelante en la *Poética*, Aristóteles también encuentra otras actividades de índole *práctico* distintas de las del ejercicio especulativo, ya que la vida humana no está limitada únicamente a la mera contemplación intelectual, aunque ésta sea la actividad que posea mayor dignidad. En este caso, al igual que en el anterior –es decir, en la diferencia entre *práxis* y *kínesis*–, el criterio para distinguir y admitir como *prácticas* estas otras clases de actividades lo procura en primer lugar la finalidad, pues aunque "esta actividad –la teoría– es la única que parece ser amada por sí misma, pues nada se saca de ella excepto la contemplación", de las otras actividades prácticas "obtenemos siempre algo, más o menos, aparte de la acción misma".[52] El ejemplo por antonomasia son precisamente las virtudes.

En la *Ética nicomáquea*, las virtudes éticas son actividades prácticas, entendiendo a éstas como hábitos o modos de ser que perfeccionan al ser humano, tales como la magnanimidad o la moderación.[53] La virtud ética también es *práxis* porque es una actividad que autotransforma al agente-sujeto que la ejerce, por el hecho mismo de ejercer tal actividad. Por ejemplo, la ejecución de una acción templada transforma al agente en un hombre templado. "El *ergon* de la *práxis* es la *práxis* misma".[54]

Recordemos que Aristóteles definió la felicidad en términos del ejercicio de la función más propia del hombre –la contemplación–, pero sin excluir el ejercicio de las virtudes éticas que también, en cierto modo, se buscan por sí mismas, pero en otro se buscan en vistas a alcanzar el fin

---

51   Aristóteles, *Ética nicomáquea*, I, 8, 1098b30.

52   Aristóteles, *op. cit.*, X, 7, 1177 b 1-4.

53   Cfr. *Ibid.*, II, 5, 1105b 26-1106a 10.

54   Héctor Zagal, *op. cit.*, p. 160.

último. La *prâxis* ética manifiesta por tanto –como el vivir en sentido amplio antes señalado– una naturaleza compleja a medio camino entre la inmanencia de su propio ejercicio y la transitividad hacia las virtudes intelectuales. Sin embargo, todas las virtudes dependen de la prudencia como su medio de realización, en cuanto que ésta constituye por necesidad, un modo de ser racional, verdadero y práctico, respecto de lo que es bueno para el hombre:[55]

> Pues cuando existe la prudencia todas las otras virtudes están presentes. Y es claro que, aun cuando no fuera práctica, sería necesaria, porque es la virtud de esta parte del alma, y porque no puede haber recta intención sin prudencia ni virtud, ya que la una determina el fin y la otra hace realizar las acciones que conducen al fin.[56]

En la doctrina aristotélica, las virtudes morales son inseparables unas de otras y tienen su conexión en la prudencia, sabiduría práctica que determina su justo medio. La prudencia es guía de la *prâxis*. Se trata de una sabiduría práctica que facilita la deliberación en orden al logro del mayor bien posible para cada situación. Supone, por ende, la aplicación de los principios éticos generales a las acciones concretas. El *phronimos* ve la acción singular como instancia de un universal y, según sea el caso, la omite o ejecuta.[57] Así leemos:

> en cuanto a la prudencia, podemos comprender su naturaleza considerando a qué hombres llamamos prudentes. Pues bien, parece propio del hombre prudente el poder discurrir bien sobre lo que es bueno y conveniente para él mismo, no en un sentido parcial, por ejemplo, para la salud, para la fuerza, sino para vivir bien en general [...] Tiene

---

55   Cfr. Aristóteles, *op. cit.*, VI, 5, 1140a 22.

56   *Ibid.*, VI, 13, 1145a 1-5.

57   Héctor Zagal, *op. cit.*, p. 215.

que ser, por tanto, una disposición racional verdadera o práctica respecto de lo que es bueno y malo para el hombre.[58]

Constituye tarea propia del prudente determinar cuáles son los medios necesarios para lograr el bien propio del hombre, la vida buena y la felicidad, por lo que en la propia excelencia de su ejercicio, es decir, en su propia *virtud*, se encuentra su perfección.

2.4. La dimensión *práctica* del trabajo productivo

Por lo dicho hasta ahora, parecería que en la *Ética nicomáquea* queda establecida una frontera tajante y divisoria entre las acciones *prácticas* y las actividades *poiéticas* o *productivas*.[59] En cuanto al trabajo, desde luego éste no constituye un "modo de saber teórico" –ya que no se refiere a lo necesario sino a lo contingente–; y podría pensarse con razón que, de manera más estricta, es un conocimiento de índole exclusivamente *técnico*, por cuanto que su fin se encuentra en la producción de objetos externos de quien los produce. En principio, no se trabaja por el trabajo mismo, sino siempre en vistas a un fin ulterior, a un resultado.

Ciertamente el producto del trabajo se origina a partir de la idea (*eidos*) que está en el agente, en la inteligencia que produce la obra como causa final. A esto Carlos Llano lo llama *idea ejemplar*. "El pensamiento debe, en efecto, establecer en el propio ámbito del entendimiento, un continuo proceso de vinculación entre la idea pensada y su realización hecha o intentada. El verdadero concepto de idea ejemplar reside justo en ese proceso vinculatorio".[60] Al mismo tiempo, se dirige a la transformación de una materia; se trata de transmitir a esa materia una nueva formalidad que se halla

---

58   Aristóteles, *op. cit.*, VI, 5, 1140a, 25.

59   Aristóteles, *op. cit.*, VI, 1, 1140a 1-5.

60   Carlos Llano, *Sobre la idea práctica*, p. 34.

en la mente del artista –tomada aquí la palabra artista en sentido amplio, como productor de artefactos–. De este modo, el objeto artificial será resultado de esa conjunción de materia y forma.[61]

Podríamos pensar que desde el momento en que la materia entra a formar parte del proceso de producción como su objeto, el trabajo no puede ser ya de ninguna manera *prâxis* y, por ende, una actividad que también perfecciona al hombre que la realiza, pues la materialidad del proceso productivo haría imposible la inmaterialidad de la *prâxis*, condición de su inmanencia. Esto llegó a insinuarse durante el pensamiento escolástico, en el que la idea ejemplar humana como punto de partida para la transformación propia del hombre era del todo ajeno. Pero lo anterior se debió a una inadecuada analogía entre el "acto creador divino" y el "acto creador (productor) humano". Para la escolástica, la acción de Dios en cuanto ser creador que se encuentra totalmente en acto, es concebida como absolutamente *poiética*, por lo cual debe carecer de todo efecto transformador inmanente.

Pues bien, la consideración de la idea ejemplar humana como punto de partida para la transformación propia del hombre –esto es, para la *prâxis* interna personal– es del todo ajena, que sepamos, a los análisis escolásticos sobre la idea ejemplar; y ello, como ya se anunció, por razones fácilmente explicables. Nada, en efecto, más alejado de la acción divina que la propia transformación de sí, radicalmente fuera de lugar en quien posee la plenitud del ser y en quien, como acto puro, no puede ser objeto de *transformación* alguna.

En consecuencia, cualquier estudio que se hiciera respecto a la acción de Dios habría de atender por necesidad a su carácter absolutamente *poiético*. El *locus* analógico apropiado sería, por tanto, el trabajo llevado a cabo por el artífice, la elaboración de la obra de arte, la acción ejercida sobre algo externo, pero no la propia transformación del sujeto.[62]

---

61   Cfr. Aristóteles, *Metafísica*, VII, 7, 1032b.

62   Carlos Llano, *op. cit.*, pp. 68-69.

En este orden de ideas, la acción divina tiene para Dios sólo consecuencias externas: Dios no es susceptible a nada, porque ya lo es todo; ni siquiera de que su propia acción le afecte internamente:

> En cambio, Dios es tenido como primer principio, pero no material, sino como causa eficiente; y por eso es necesario que sea perfecto en grado sumo. Pues, así como la materia en cuanto tal está en potencia, del mismo modo el agente en cuanto tal está en acto. De ahí que el primer principio activo precisa en grado sumo estar en acto; y consecuentemente también en grado sumo ser perfecto. Pues se dice que algo es perfecto en cuanto que está en acto. Se llama perfecto a lo que, de cuanto requiere su perfección, nada le falta.[63]

Si el acto creador de carácter *poiético* de Dios no involucra ninguna transformación interna respecto de su agente, la conclusión más plausible es que, en analogía, los actos "creadores", o mejor dicho productores del hombre, tampoco supongan ninguna transformación o perfección inmanente. Aunque no puede afirmarse una exclusión explícita de santo Tomás en el sentido de que las ideas ejemplares, motor de la *poíesis*, no poseen un lugar propio en el ámbito de la *prâxis*, para Carlos Llano sí hay un silencio uniforme muy elocuente. En el proceso productor parece no darse esa simultaneidad entre fin y proceso, propia de la *prâxis*. El objeto producido, término de la *poíesis*, que nace de la *techné*, es algo externo al agente, y no se dice nada si puede tener, además, alguna otra dimensión. Pero así las cosas, ¿de qué manera podemos defender nuestra posición sobre la dimensión *práctica* de las acciones *poiéticas* en el ámbito del trabajo?

Al respecto, debemos recordar que la distinción aristotélica de los hábitos intelectuales se construye a partir de la diferencia de sus objetos.[64]

---

63 Santo Tomás de Aquino, *Suma*, Ia, q. 4, a.1.

64 "Es necesario que el que intente hacer un estudio sobre estas facultades (vegetativa, sensitiva e intelectiva) conozca la esencia de cada una de ellas, para luego extender su investigación a las propiedades que en ella se contienen, y a lo demás que en las mismas se relaciona. Pero si debemos definir la naturaleza de cada una de ellas, por ejemplo, de la facultad intelectiva, o sensitiva, o nutritiva, es necesario precisar primero en qué

Desde una perspectiva meramente abstracta, los objetos de la *episteme* y de la *phrónesis* son nítidamente distintos. Pero visto *in situ,* la pretendida diferencia se difumina. Se trata de una diferenciación teóricamente explicativa de algo que en la práctica se encuentra íntimamente entrelazado. El hecho mismo de que Aristóteles considere análogamente, por ejemplo, la noción de *episteme,* refleja que los objetos no tienen fronteras perfectamente delimitadas. Y, sobre todo, cuando los actos concretos de los hábitos son considerados, nos encontramos con que la discernibilidad de los hábitos se empaña. En este sentido, Carlos Llano nos dice: "Sospechamos que en la distinción entre *prâxis* y *poíesis* se ha incurrido en el error de separar lo que solamente debe distinguirse, ya que los dos tipos de acción se encuentran estrechamente interrelacionados".[65]

Por ello, seguimos a Héctor Zagal en su duda sobre el alcance de una distinción cuyo fundamento es una consideración más o menos abstracta. Si los hábitos se distinguen por sus objetos, y los objetos son consideraciones abstractas, debemos preguntarnos si la distinción de hábitos es una distinción tan real como suele afirmarse. Al reflexionar sobre los actos concretos de la ciencia o de la prudencia, en realidad parece muy difícil asegurar en qué momento comienza el acto prudente, y en qué momento comienza el acto técnico. Por el contrario, parece que no es posible identificar un "acto científicamente puro", como no sea en nuestro Creador. Sin embargo, dichas distinciones "puras" son posibles porque los objetos de los que habla Aristóteles en la *Ética nicomáquea* son consideraciones abstractas, por lo que más o menos abstractas son todas las distinciones amparadas en tales objetos. "El principio metodológico *no debemos distinguir taxativamente lo que no podemos discernir perfectamente* nos parece aceptable en este punto. Obviamente somos conscientes de la audacia de nuestra interpretación

---

consiste la intelección y la sensación, porque los actos y las operaciones son lógicamente anteriores a las potencias. Siendo esto así, debemos por la misma razón comenzar por los objetos antes que por los actos, por ser aquéllos antes que éstos, y tratar del alimento, de lo sensible y de lo inteligible." Aristóteles, *De anima,* II, 4, 415a 14ss.

65 Carlos Llano, *Sobre la idea práctica,* p. 75.

y objeción a Aristóteles."[66] Lo anterior implica una consecuencia que queremos dejar claramente establecida. Toda actividad de índole práctica, que deriva de un conocimiento fruto del hábito de la *techné*, implica siempre, incluyendo el caso del trabajo, una acción de carácter *práctico*.

Como ya vimos, la primera instancia del fin en la antropología aristotélica es la vida contemplativa, es decir, la vida según la razón en su uso especulativo; ésta es la forma suprema de *prâxis* a la que aspira el hombre.[67] Los fines de las potencias en la vida del hombre sólo son perfectos respecto de los principios de los que proceden; y son fines intermedios en relación con el fin último que mueve al hombre. Si lo específico del ser humano es la racionalidad, entonces el fin último de cada una de las operaciones y movimientos que a éste competen es manifestar la vida por la racionalidad. Por ende, la pluralidad de potencialidades en el ser humano hace patente que el fin en el hombre se da de distinta manera, siempre en orden de una primera instancia –la racionalidad–. Ahora bien, si la noción de fin es análoga, los fines propios de cada potencialidad son jerárquicos. Como la *poíesis* –actividad procesual y transeúnte porque su fin es su misma suspensión– forma parte del desarrollo de las potencialidades del hombre, también puede verse en ella una cierta practicidad y en tanto tiene su principio en el uso práctico de la razón, una cierta *racionalidad*. Pero esto sólo es posible si se mira al hombre desde su causa final.

> Por esta razón el hacer de los hombres tiene una dimensión inmanente cuya fuerza es la actividad vital, de tal modo que hacer bien las cosas es en nosotros un fin. Un fin que supone sobreabundancia. Porque el fin es actividad, la vida del hombre implica siempre crecimiento. La verdadera dignidad del hábito *poiético* entonces, estriba en la articulación que otorga lo racional a lo sensible perfeccionándolo por el fin.[68]

---

66   Héctor Zagal, *op. cit.*, p. 115-116.

67   Cfr. Aristóteles, *Ética nicomáquea*, X, 7, 1177a 12-19.

68   Cfr. Virginia Aspe, *op. cit.*, p. 16.

Siguiendo a Virginia Aspe, en lo *poiético* se articulan naturaleza humana y facultad particular. Entonces, por el fin se resuelve la siguiente paradoja: el hacer y el tener como producción extrínseca o posición corpórea adquieren un estatuto que en la persona ya no puede ser catalogado como algo separado del principio por el cual se ejerce. Esta inseparabilidad del principio y la actividad es lo que explica que la *poíesis*, siendo pura transitividad, pueda disponer intrínsecamente a la facultad de tal modo que siendo la facultad la misma, por el tener corpóreo, ya no lo será igual.

La inmanencia en el ser humano es siempre garantía de crecimiento o deterioro de la facultad; aun así, la inmanencia no es la explicación última de los hábitos. En la *Ética a Nicómaco* encuentro que Aristóteles sostiene que la inmanencia funda la trascendencia: el eje de los hábitos se encuentra en la libertad. Vista desde esta perspectiva, la teoría es la forma suprema de la *prâxis*, pero en una dimensión que debe entenderse como un conocer para crecer por la libertad. Entonces la *techné* y la *poíesis*, articuladas armónicamente por el fin del ser humano, tienen un crecimiento de afuera hacia adentro, de tal modo que la actividad revierte sobre la facultad haciéndola crecer por la libertad en lo racional.[69]

Así parece insinuarlo el mismo Aristóteles cuando en la *Ética nicomáquea* señala:

La reflexión de por sí nada mueve, sino la reflexión por causa de algo y práctica; pues ésta gobierna, incluso, al intelecto creador, porque todo el que hace una cosa la hace con vistas a algo, *y la cosa hecha no es fin absolutamente hablando (ya que es fin relativo y de algo), sino la acción misma, porque el hacer bien las cosas es un fin y esto es lo que*

---

69   *Ibid.,* p. 17.

deseamos. Por eso, la elección es o inteligencia deseosa o deseo inteligente y tal principio es el hombre.[70]

En efecto, coincidimos con Aspe cuando concluye que en realidad no hay en el hombre actividades absolutamente inmanentes o absolutamente *kinéticas* sino que, por el contrario, estas últimas más bien son análogas a las actividades propiamente *prácticas*, y se relacionan con ellas en una jerarquía de subordinación, lo cual debe ser tomado en consideración al desvelar la naturaleza de la *techné*. Es decir, si el principio del objeto producido no se encuentra en él mismo, sino en el agente, a saber, en el hombre, esto significa que la transitividad está fundada en la inmanencia, verdad que se puede verificar exclusivamente en el hombre, en tanto que, en estricto sentido, es el único ser capaz de producción.

En cambio, "un planteamiento dicotómico como el que aparentemente se deja ver en la *Ética nicomáquea* nos llevaría a polarizar y por lo tanto a desvirtuar la naturaleza propia de la actividad humana".[71] Dicho de otra manera, la distinción entre *prâxis* y *poíesis* en la *Ética nicomáquea* no puede entenderse como una separación ontológica radical, sino como una distinción más bien cognoscitiva, para distinguir actos, provenientes de distintas facultades que en la realidad, en su ejercicio fáctico, se muestran unidos y relacionados entre sí.

El hecho de que el fin de la *techné* sea un producto exterior, diferente de la propia actualidad del agente que lo ha producido, o dicho en los términos que interesan a esta tesis, si el objetivo del trabajo es la producción de un objeto distinto y hasta cierto punto autónomo de su productor, no excluye el que para su producción el agente haya necesitado la actualización de su facultad racional en sus dos usos, es decir, tanto en el uso cognoscitivo o especulativo de la razón, como en el uso deliberativo y práctico, en tanto que trabajar implica conocer, aprender, descubrir, pero también decidir y actuar, y no sólo producir. En este sentido todo uso de la razón podría denominarse

---

70 Aristóteles, *Ética*, VI, 2, 1139b 1-6. Las cursivas son nuestras.

71 Virginia Aspe, *op. cit.*, p. 14.

también *práctico* por cuanto que el fin de la acción, además de un producto concreto y externo al agente, conlleva necesariamente la transformación intrínseca de la facultad actualizada y, por ende, del agente o trabajador en su conjunto. Así, podemos afirmar que todo acto humano, desde la *theoría* hasta la *poíesis*, implica *prâxis* ya sea como su objeto directo o indirecto. Aunque el objeto inmediato de la *poíesis* sea el objeto tangible producido, esto no excluye que, mediatamente, el agente también sea objeto de dicha actividad, como sujeto en quien recae o se reafirma cierta perfección. Cuando el médico cura al enfermo ejerciendo el acto propio de la medicina, se está afirmando él mismo en su habilidad médica: se "está haciendo" mejor médico, consolidando o extendiendo conocimientos, y perfeccionando habilidades tanto técnicas como morales y prudenciales. Un cirujano que ejerce diez mil apendicectomías con éxito se hace un buen cirujano; y viceversa, un médico que fracasa en diez mil apendicectomías se hace un mal cirujano. El *ergon* no es solamente el paciente (que se transforma en hombre sano o en cadáver), es también el médico que se transforma en peor o mejor cirujano.[72]

La *techné* –típica *poíesis*– tiene una fuerte carga de *prâxis*. Incluso hay actividades "artísticas" que difícilmente pueden ser distinguidas de la *prâxis*. Por ejemplo, el *ars logicae*, considerado *ars* por los escolásticos, es *poíesis*, porque existe un *ergon*, a saber, los pensamientos correctos. Pero este *ergon* es inmanente: los pensamientos son en el hombre su pensar.

Aunque el ser humano es capaz de instaurar un orden artificial distinto del mundo natural mediante el producto de la *techné*, esta actividad propia de la razón práctica se nos muestra como una realidad profundamente humana, que involucra la totalidad de las potencialidades de cada hombre, incluyendo las más elevadas y las más íntimas, lo sensible y lo espiritual. El hecho de que la *techné* ha de manifestarse corpóreamente en algo concreto y particular no significa que haya que desvincularla del principio de su manifestación. En consecuencia, podemos incluso afirmar que todo

---

72 Cfr. Héctor Zagal, *Límites*, p. 160.

hábito –intelectual o moral– es *práxis*, incluyendo aquellos hábitos "poiéticos", como son las artes y técnicas.[73]

Separar la actividad *poiética* o productiva de la disposición racional que le compete, ocasiona en el hombre la pérdida de la memoria habitual, lo cual da lugar a hombres que hacen –y hacen mucho–, pero a quienes no importa o no saben por qué ni para qué. Este fue el caso de las ideas propuestas por Marx, cuya antropología suponía que el hombre se encontraba totalmente supeditado a la *poíesis*, a la producción, y a las formas o relaciones de producción, de modo que cualquier cambio que pudiese realizarse en el interior de la realidad humana tendría que venirle de fuera, como fruto o consecuencia de las transformaciones sociales, que serían a su vez resultados de los cambios en las formas de producción, es decir, reflejo y eco de la acción *poiética*.[74] Pero también ha sido el caso de nuestro sistema económico predominante. En efecto, un capitalismo mal entendido y carente de toda ética ha desembocado en una cultura materialista y consumista que nos ha hecho suponer que el valor de la persona radica exclusiva o primordialmente en la cantidad de bienes exteriores poseídos. De este modo, el popular adagio "cuánto tienes, cuánto vales" se propone como un ejemplo más de lo que sucede cuando se olvida la dimensión inmanente de la *poíesis*, que posee gracias a su ordenamiento al fin último del hombre.

Concebir la técnica como mera producción –tal como ha hecho la modernidad–, conlleva el peligro de volverla completamente enajenante; al desvincularla de la causa final del hombre, que se entiende como actividad *práctica*, se trastoca todo el orden natural. Trabajo y producción humanos se vuelven mercancía cuyo valor, al ser meramente transitivo, sólo pertenece al producto mismo, excluyendo su aportación fundamental, que radica precisamente en el perfeccionamiento de la actividad.[75]

---

73 *Ibidem*, p. 160 y ss.

74 Carlos Llano, *Sobre*, p. 77.

75 Virginia Aspe, *op. cit.*, p. 19.

En cambio, una dimensión *práxica* de lo *poiético* en el hombre, tal como la concibe cierta interpretación que procede desde Aristóteles mismo, implica un crecer en lo factivo y transeúnte, pero jerarquizado para algo interior. Entonces surge una *poíesis* generosa cuyo hacer no se revierte contra la propia naturaleza y que es acorde con la complejidad de operaciones que se dan en el hombre. Desvincular el perfeccionamiento inmanente de lo factivo implica no atender al principio y al fin de la actividad: negada la causalidad en este proceso no queda en el hombre una articulación armónica de sus potencias y facultades.[76]

Esta manera de enfocar la relación entre *prâxis* y *poíesis* a partir del propio Aristóteles nos permite afirmar que el hacer humano nunca podrá ser algo exclusivamente extrínseco. Por el contrario, la *techné* provoca en el hombre algo profundamente interior y espiritual.[77] En este sentido, podemos afirmar que la *techné* también involucra cierto grado de inmanencia, aunque en el caso de las actividades *poiéticas* derivadas de la técnica, ésta será menos palpable en comparación con la actividad más inmanente, a saber, la especulación teórica. Aunque es posible –en contra de toda suposición marxista– una *prâxis* no traducible en términos de *poíesis* –como el acto mismo de la contemplación–, en cambio, no existe la posibilidad de una *poíesis* que no venga precedida de una *prâxis,* de una acción subjetiva personal, que decida, al menos, las obras exteriores en las que el hombre haya de ocuparse.[78] En otras palabras, aunque el trabajo –y más aún, el trabajo dentro de una empresa– se concibe según la *techné* aristotélica, esto no significa que su ejercicio no repercuta en cierto perfeccionamiento de índole *práctico* para quien lo produce ya sea en el ámbito de lo prudencial, ya sea en el ámbito de lo moral, ya sea en el ámbito del mismo conocimiento técnico.

Así pues, es posible afirmar que todo movimiento *poiético* del hombre involucra simultáneamente, de una forma u otra, la realización de

---

76   *Ibidem*, p. 18.

77   Cfr. *Ibidem.*, p. 17.

78   Cfr. Carlos Llano, *Sobre*, p. 75.

acciones de carácter *práctico*. El trabajo mismo, en su desenvolvimiento cotidiano, sin importar forma y lugar, revela siempre algo de la interioridad de su hacedor al mismo tiempo que imprime huella en él. Sin embargo, a juicio de Carlos Llano, dentro de las actividades que requiere la empresa para su gestión, hay algunas que suponen mayor nivel de práxis que otras, lo cual queda de manifiesto en su profunda necesidad de virtud prudencial. Tal es el caso de la dirección, por oposición a la operación:

> Resulta posible afirmar que el trabajo directivo cae de alguna manera dentro del área de la *práxis,* entendida como acción humana cuyas consecuencias repercuten en el propio sujeto que la realiza, más que en un objetivo exterior a él. Y decimos *de alguna manera* porque el trabajo directivo no se refiere siempre a transformaciones en las personas, sino también en las cosas. Pero por cuanto implica una *decisión* de lo que va a hacerse, afecta de lleno y directamente a quien se decide.[79]

De acuerdo con Llano, el trabajo directivo es aquel que no está sujeto a reglas fijas conocidas –porque el director es el creador de las reglas– y de resultados inciertos; en cambio, el trabajo operativo está sujeto a reglas fijas conocidas que lo llevan a obtener resultados más o menos conocidos. Desde este panorama, es claro que la contingencia de las actividades directivas reclama la necesidad de desarrollar la *phrónesis* o prudencia como virtud de la razón práctica con mucha mayor fuerza, en contraste con lo que sucede con la operación. Sin embargo, ello no debe llevarnos a pensar que el trabajo realizado por los operarios, sobre todo por aquellos cuya principal función es de carácter *técnico*, tiene una inmanencia mucho menor o carece de relevancia antropológica. Carlos Llano encuentra que, en realidad, en todos los niveles de la organización podemos encontrar actividades de corte predominantemente productivo o *poiético,* pero también, de una manera o de otra, todos los miembros de la organización pueden ejercer cierta dirección –y por tanto, un mayor nivel de *práxis*–. En la interpretación del

---

79 Carlos Llano, *La vertiente,* p. 20.

trabajo en la empresa se da la falacia de transponer a la realidad estas definiciones que a decir verdad son meramente conceptuales y que dan lugar a una tajante división entre operarios y directores que no es real: no hay nadie en la empresa que detente un puro trabajo directivo, ya que en cierta medida todos se encuentran siempre constreñidos por una serie de condiciones que actúan como reglas fijas, y que aportan a su trabajo una inevitable carga de operatividad; y de igual modo, no hay ningún trabajo que esté tan estrechamente diseñado que impida al operario dirigirlo de algún modo.[80]

> La acción de síntesis del director en este terreno será la de hacer el trabajo de todo hombre que esté a su cargo tan directivo como se pueda, dentro de sus limitaciones de capacidad y coordinación.

> Las capacidades humanas, propiamente tales, no se desarrollan –*tanto*, agregaríamos nosotros–, por medio de un trabajo meramente operativo –por lo que éste comporta de reiteración–, sino en la medida en que el trabajo se torna directivo –por lo que éste comporta de invención o de creación.[81]

La *poíesis* debe subordinarse a la *prâxis* como lo imperfecto a lo perfecto; la *techné* a la prudencia, en cuanto que la técnica no proporciona de manera suficiente los medios para una vida buena y completa, y la prudencia sí. Es así como se muestra una segunda forma en la que *prâxis y poíesis* se involucran y articulan claramente en la actividad laboral, para que ésta no pueda ser acusada de *enajenante*: la capacidad de dirigir no debe reservarse únicamente para la cabeza de la empresa, sino que se perfila como un elemento deseable para todas las células de la organización.[82]

---

80 *Ibidem*, p. 55.

81 *Ibid.*, pp 55-56. En la última oración de este párrafo, Llano nos remite a su vez a Xavier Zubiri en su artículo "El origen del hombre" (*Revista de Occidente*, Madrid, agosto 1964), de quien parece tomar la idea de que la inteligencia –que es lo propiamente humano– se caracteriza por la innovación creadora, a diferencia de la fijeza y repetición, que son características de los animales.

82 *Ibidem.*, p. 22.

Ahora bien, para lograr esto de la mejor manera, la clave está en asignar a cada quien un trabajo acorde con sus propias capacidades (pues de lo contrario se generaría frustración –si no se pudiera realizar– o envilecimiento –si la actividad estuviera muy por debajo de las propias potencialidades–). Empero, la síntesis no está en mantener al trabajador en el límite exacto de sus capacidades directivas, sino en romper ese límite hacia arriba, para que su capacidad se ensanche.

> De este modo cada hombre en la empresa, por operativo que sea su trabajo, debe tener el máximo grado de directividad al que apunten sus capacidades y que permita su coordinación con el conjunto. La eficacia y la productividad están en razón directa del desarrollo de la capacidad directiva de los hombres que en ellas concurren, y no sólo en razón directa de la planeación u organización del trabajo puesta desde niveles superiores, como querría una concepción rigurosamente *taylorista*.[83]

Incluso los niveles más básicos de trabajo operativo siempre guardan un margen para la directividad. El mismo Llano ponía como ejemplo el oficio de barrendero; aunque aparentemente su labor es 100% operativa, debe decidir por dónde empezar a barrer, qué escoba usar, si esparce agua antes de barrer, qué recogedor utilizar, cómo juntar lo barrido y, en fin, decisiones propias de la directividad.

De esta forma, no nos parece extraño que para Carlos Llano la verdadera caracterización del líder esté dada no principalmente por su capacidad para mandar, sino por su destreza para delegar en los demás la tarea de hacerse a sí mismos. La auténtica ayuda que puede prestar el más capacitado al menos capaz debe ejercerse precisamente de modo tal que el incapaz deje pronto de serlo y no requiera ya la inicial acción subsidiaria.[84] Sólo cuando el directivo está dispuesto a lograr su propia perfección mediante

---

83   *Ib.*, p. 56.

84   Cfr. Carlos Llano, *Humildad*, p. 14.

el trabajo y también, en la medida de lo posible, la perfección de quienes se encuentran bajo su mando, cumple con su verdadera misión. Coincidimos con Llano cuando afirma que la tarea última de quienes tienen algún puesto directivo consiste no sólo en satisfacer las necesidades de la sociedad a la que sirve la empresa, sino también en propiciar las condiciones laborales adecuadas que posibiliten el logro de las legítimas aspiraciones de autorrealización que tienen sus empleados.

2.5. El trabajo y el *valor humano agregado*

Todo el argumento precedente se ha desarrollado con un objetivo claro: mostrar cómo el trabajo, que en principio tiene una causa final externa y transitiva respecto del sujeto que lo realiza, también posee una dimensión inmanente y transformadora. Hasta aquí se ha defendido que su valor trasciende su indiscutible papel en favor del progreso material, para ocupar el lugar que por derecho propio le corresponde, gracias a su dimensión *práctica,* en la consecución de una vida auténticamente lograda. De este modo, su dimensión productiva es complementada, e incluso superada, por su incidencia antropológica, cuando se dirige y orienta hacia el fin del hombre, que es su propia felicidad.

El trabajo necesita a la empresa como vehículo de materialización (aunque no sea su lugar exclusivo ni único); pero también es verdad que la empresa necesita del trabajo del hombre para lograr la consecución de sus fines más evidentes –creación de *valor económico agregado, autocontinuidad* y *servicio a la sociedad*–. Esta estrecha codependencia entre empresa y trabajo nos permite concluir que la empresa también puede proponerse como uno de sus fines genéricos la creación de *valor humano agregado* cuando se concibe como una institución que tiene como misión auténtica e imperativa generar las condiciones necesarias para que todos sus miembros puedan explotar, aprovechar y beneficiarse al máximo de la dimensión inmanente y perfectiva que tiene su trabajo en cuanto actividad.

Esta idea es vital. A través de los parágrafos anteriores hemos mostrado cómo la *poíesis* –actividad bajo la cual estaría clasificado el trabajo–, es capaz de incidir en el sujeto productor de forma tal que también tiene una dimensión que podríamos calificar como *práctica*, en al menos dos sentidos: el primero, porque es capaz de desarrollar y generar nuevos conocimientos, que en su hacer son *prâxis*, por cuanto que la potencia y el acto de conocer se encuentran en el mismo agente; y en segundo lugar, porque también fomenta el uso habitual de la *phrónesis* como facultad para deliberar respecto a lo que es mejor para cada situación de cara al bien del hombre, y eje rector del resto de las virtudes éticas. Así, por ejemplo, una secretaria que labora en una empresa puede mejorar y aumentar sus conocimientos sobre el uso de la computadora –muy necesarios para su labor–, al mismo tiempo que requiere para su trabajo poner en práctica el uso de su facultad "prudencial" –esencialmente *práctica*–, al decidir el momento oportuno para comunicar cierta información. Igualmente, el desarrollo de la "creatividad" o la "innovación" como capacidades deseables de los llamados "trabajadores del conocimiento", son otra muestra clara de cómo una actividad *poiética* –la optimización de un proceso de producción–, también involucra *prâxis* –un sujeto más creativo.

Pues bien, si el trabajo en cuanto *poíesis* es capaz de transformar no sólo la materia externa, sino también al propio sujeto que la modifica, la empresa no puede evadir la obligación moral que tiene de respetar, permitir e impulsar esta doble dimensión y conducirla por un camino de perfección. En efecto, si el vehículo por antonomasia de la empresa para cumplir con su misión de brindar un bien o servicio a la sociedad es el trabajo, entonces no puede evadir la obligación moral que tiene de respetar, permitir e impulsar esta doble dimensión *práctico-productiva* del trabajo, para guiarla por un camino de perfección. Si las empresas actuales están constituidas como organismos compuestos por personas dirigidas a servir y satisfacer las necesidades de otras personas, deben respetar la naturaleza y el fin de los "elementos" de las cuales están compuestas. De otra manera se convertirían en las únicas culpables de su propia autodestrucción.[85] Así pues, si la empresa necesita del trabajo –de sus hombres y mujeres–, y el trabajo posee una dimensión inmanente plenificadora si se realiza virtuosamente, esto es, de acuerdo con la función propia de las personas con miras a su fin último, entonces no cabe sino concluir que la empresa es –o debería ser– un lugar propio para el perfeccionamiento de los seres humanos, finalidad de la cual le deviene la obligación de crear *valor humano agregado*.[86]

El *valor humano agregado* que crea la empresa para la persona consiste, en definitiva, en una perfección de índole "racional" pero sobre todo "moral". Porque la empresa, por medio del trabajo que sustenta como motor de riqueza, permite que la persona no sólo produzca algo para los demás, sino también algo para sí misma, en sí misma. Que se autotransforme (según la dimensión práctica que hemos defendido para el trabajo y para todas las acciones productivas en general) en dirección hacia su propia plenificación. Autotransformación perfeccionadora en el ámbito de lo técnico, de lo profesional, de lo moral, de la *phrónesis* como facultad de deliberación y elección, que se manifiesta en un ámbito teórico –perfección de conocimientos–,[87]

---

85 El argumento es el siguiente: Aristóteles define la *naturaleza (physis)* de algo como principio de movimiento y cambio (Cfr. Aristóteles, *Física*, trad. Ute Schmidt, Universidad Nacional Autónoma de México, 2001, II, 194a y ss.), y afirma que "la naturaleza es fin y propósito" (tal como hemos dicho cuando decimos que el hombre es por naturaleza racional) (Cfr. Aristóteles, *Física*, II, 194a 28). Actuar naturalmente significa entonces, actuar conforme a la naturaleza según la cual se está dispuesto, por lo que actuar en contrario significaría actuar "antinaturalmente", con un comportamiento defectuoso o autodestructivo.

86 Quizá esta idea quede más clara con la siguiente cita: "En la *Metafísica* aristotélica juega un papel importante la noción de *télos* que significa aquello en vista de lo cual se hace algo, es decir, la causa final, esto es, el bien (*Metaph.* 996a 25) y también la forma (*Metaph.* 1023a 34), la especie y la sustancia, pues todo lo que se genera va hacia un fin. De ello se deduce que 'el fin es el acto' (*Metaph.* 1044a 28). Por ello la *ousía*, siendo acto, es lo primero que mueve de la potencia al acto, siendo *télos* de toda generación. Relacionado con el fin, está la noción de límite, de la que Aristóteles dice que *es lo primero dentro de lo cual está todo lo de cada cosa* (*Metaph.* 1022a 4), y eso es la *ousía*, por lo que la *energeia* de la *ousía* también es límite. La noción de "perfecto" (*téleion*) encierra ambos conceptos: lo que tiene el *télos* en su propio límite es perfecto. Por eso lo perfecto es lo que tiene la virtud (*areté*) y lo bueno (*agathon*) (*Metaph.* 1021b 12)". Ricardo Yepes, "Los sentidos del acto en Aristóteles", *Anuario Filosófico* 25, 1992, p. 503.

87 Aquí caben múltiples aclaraciones. En primer lugar es necesario entender que para Aristóteles el conocimiento en cierta medida es contemplación, sobre todo cuando estudia lo necesario, y para ello está el hábito de

pero también ético –perfección de virtudes morales, es decir, aquellas relacionadas con la dirección del hombre hacia el bien.

En la *Metafísica*, Aristóteles nos dice qué debemos entender por el adjetivo *perfecto, completo* [en un sentido, de los tres que hay]:

> perfecto o completo se dice de lo que no es superado por nada en su género en cuanto a excelencia y bondad; por ejemplo, hablamos de un médico perfecto, y de un flautista perfecto, cuando nada les falta respecto de la especie de habilidad que les es propia (...la excelencia es un tipo de perfección: en efecto, cada cosa y cada entidad son perfectas cuando, según la especie de excelencia propia, no les falta parte alguna de su magnitud natural).[88]

Si la naturaleza del hombre es, en última instancia, racional y cumplir con su naturaleza es cumplir con su función propia, es decir, con el despliegue de sus capacidades racionales de una manera perfecta –o dicho de modo más comprensible, de forma "máxima"–, entonces el trabajo es una acción de carácter perfeccionador en cuanto que su hacer ayuda a desplegar y completar algunas de las facultades racionales o intelectuales del hombre (en concreto la *techné*, y también la *phrónesis*). En este sentido, crear *valor humano agregado* implica que la empresa establezca como uno de sus

---

la ciencia (*episteme*) (Cfr. Aristóteles, *Ética nicomáquea*, VI, 3, 1139b, 15-35). Sin embargo, en otro sentido el conocimiento también es movimiento, y en ese aspecto también tiene capacidad de transformación inmanente del hombre. En efecto, el hábito del entendimiento (*nōus*) también se mezcla con la acción de la *prâxis* en cuanto que involucra movimiento transformador del agente, pues se ejercita en la opinión, al juzgar rectamente sobre las cosas que son objeto de prudencia: "Y de ahí viene el nombre 'entendimiento' en virtud del cual se habla de hombres dotados de buena inteligencia, del entendimiento que se ejercita en el aprender; pues al aprender lo llamo muchas veces 'entender' (*Ibid.*, VI, 10, 1143a 15-18). Por tanto, el entendimiento, aunque se trata de un hábito dirigido a lo teórico, como conocimiento y discernimiento de lo que es equitativo (Cfr. *Ibid.*, VI, 11, 1143b 20) también necesita de movimiento, de *prâxis*, que igualmente permanece en el agente, aunque no según su dimensión ética, sino dianoética. Quizá por ello Aristóteles llega a decir que el conocimiento es una *preservación* o *salvación* de lo que está en potencia, es decir, un crecimiento o perfeccionamiento (Cfr. *De anima*, II, 5, 417b 5 y ss.). Nuevamente es claro que la distinción abstracta o lógica de las facultades intelectuales *in situ* es sumamente problemática.

88 Aristóteles, *Metafísica*, V, 16, 1021a 15-22.

principios fundamentales concebir al trabajo como actividad plenificadora, es decir, como actividad en la cual se perfeccione la facultad de la *techné*, pero también de la *phrónesis,* mediante acciones *productivas* en lo que éstas tienen de *prácticas*, según se ha dicho.

En cambio, aquellas empresas que no toman en cuenta esta dimensión perfeccionadora del trabajo, convirtiéndolo en simple medio cuyo valor radica exclusivamente en la materia que se obtiene de él, terminan por enajenar, y peor aún, instrumentalizar al trabajador. Se trata de una violación plena de su naturaleza, que tarde o temprano termina rebelándose, tal como la historia se ha encargado de mostrarnos.[89] Y cuando esto pasa, es decir, cuando la empresa no cumple con su misión de crear *valor humano agregado*, entonces también deja de cumplir con el resto de sus objetivos y se ve forzada a redefinirse o desaparecer.

---

89 Recordemos, por ejemplo, la famosa huelga de 1886 de Chicago donde más de 200 mil trabajadores pararon sus actividades para exigir que su jornada laboral se redujera a sólo ocho horas diarias.

CAPÍTULO 3

La empresa como comunidad

3.1. La noción de *comunidad* aristotélica

El primer modo en que la empresa puede generar VHA es mediante la promoción del trabajo en su doble dimensión, tanto productiva como práctica; ahora, es necesario destacar que el ámbito en el que esto es posible es el de la comunidad, en este caso, de la comunidad organizacional. Aunque es verdad que la responsabilidad y el principio de acción permanece y es del individuo, su desarrollo no puede darse con independencia de las demás personas. Por su propia naturaleza, el trabajo es una actividad comunitaria, en tanto que sólo es posible al estar acompañado y engranado con los talentos y energía de otros. La indigencia provocada por las restricciones materiales y naturales a las que nos hallamos sujetos funciona como pivote para el trabajo colaborativo y el intercambio de bienes; mientras que la cada vez más compleja forma de resolver nuestras necesidades en orden a la supervivencia reclama el desarrollo y especialización de las distintas facultades humanas, cuyos frutos son intercambiados en un mercado de cariz esencialmente social.

Precisamente tanto Platón como Aristóteles sitúan en el límite natural de las capacidades individuales la causa eficiente que nos impulsa a la asociación con otros, y que origina primero a la familia, después a las aldeas, y en cierto modo también a la ciudad o *polis*.[1] En específico, Aristóteles considera que los fines particulares de cada comunidad permiten establecer una marcada diferenciación teórica que no siempre se concreta como tal en la práctica. De este modo, mientras el propósito de la familia –y la aldea en tanto asociación de familias–,[2] es el de resolver las necesidades imprescindibles para la vida, existe una comunidad más amplia de especificidad distinta y orden superior, hacia la cual está orientada. Se trata de la ciudad o *polis*, cuya causa final es la consecución de un bien mucho más importante, que reviste de un valor superior el simple mantenimiento de las facultades vitales: este fin es denominado "la vida buena" o autárquica, un modo de existencia que aspira a la plenitud de las facultades propiamente humanas durante una vida entera y suficiente, y eleva a la comunidad política por encima de la inmediatez, para ubicarla en el terreno específicamente racional mediante el cual trasciende el ámbito de lo dado.

La condición de superioridad de la comunidad política es justificada por Aristóteles en tanto ámbito de manifestación del *logos*, de la razón humana, pues únicamente en la *polis* tiene lugar la deliberación sobre el bien y el mal, lo justo y lo injusto, con miras no sólo a la contemplación, sino sobre todo a la acción. De ahí que el filósofo griego defina al hombre como animal político (*zoōn politikón*) y no meramente como animal social, pues, siguiendo la interpretación de Arendt en este punto, el hombre no sólo necesita "estar junto a otros hombres", sino más aún, discutir con otros hombres, y actuar junto a otros hombres,[3] y es la *polis* el lugar por antonomasia

<hr>

1 Cfr. Platón, *La república*, Madrid, Gredos, 1981, II, 369B; Aristóteles, *Política*, I.

2 Aunque utilizamos el término "familia", más preciso sería utilizar el término "casa", que para Aristóteles está conformada tanto por los padres como por los hijos, los esclavos y los bienes –incluyendo los animales–, y que en su conjunto constituyen el hogar; los primeros, en su calidad de sujetos, los segundos –esclavos, bienes, animales– en su calidad de objetos.

3 Arendt hace una importante reflexión en torno al impreciso traslape entre la condición "política" y "social" del hombre, y demuestra que no se trata de términos sinónimos, por provenir de orígenes históricos distintos, aunque a la postre serán utilizados como tales: "Esta relación especial entre acción y estar juntos parece justificar plenamente la primitiva traducción del *zoōn politikón* aristotélico por *animal socialis*, que ya se encuentra en Séneca, y que luego se convirtió en la traducción modelo a través de santo Tomás: *homo est naturaliter politicus, id est socialis* ('el hombre es político por naturaleza, esto es, social'). [...]esta inconsciente sustitución de lo social por lo político [sic] revela hasta qué punto se había perdido el original concepto griego

de despliegue de la razón práctica. La convivencia en la ciudad no sólo le resuelve al hombre la satisfacción de necesidades físicas gracias a la intermediación de la aldea y la familia, unidades sociales mínimas o partes suyas cuya finalidad y estructura es análoga a las comunidades de otros animales gregarios sometidos a impulsos de asociación semejantes, sino que, por encima de todo, le posibilita un modo de vida específicamente humano. En efecto, el hombre únicamente llega a manifestar plenamente su humanidad, a cultivar su carácter moral, en la medida en que su vida es acogida en el seno de una sociedad humana regida por el *logos* que se ha hecho objetivo en la ley: "La política, en el sentido aristotélico de la expresión, es una actividad singularmente humana, porque comienza sólo allí donde las necesidades cotidianas están cubiertas. En este sentido nos revela una primera forma de auto-trascendencia del hombre".[4] En contraste con las esferas de la familia y la aldea, solamente en la ciudad es posible entablar relaciones entre pares, es decir, entre personas libres e iguales, cuya vinculación se funda no en la interdependencia recíproca para la satisfacción de las necesidades cotidianas, o por razón de meros intereses económicos, sino en la participación comunitaria de la justicia. Sólo en la aspiración a la justicia se hace evidente que el hombre tiene palabra (*lógos*), que, a diferencia de la voz (*phoné*) de los animales, le permite expresar ideas que van más allá del placer y del dolor, pues la palabra es vehículo para manifestar lo conveniente y lo perjudicial, lo bueno y lo malo, en síntesis, para determinar qué es lo justo y qué es lo injusto, instanciado en las relaciones humanas.[5]

La estrecha vinculación entre palabra y justicia en Aristóteles resulta sumamente relevante. La sociedad auténticamente humana descansa en la palabra no como simple instrumento retórico al servicio de estrategias

---

sobre la política. [La palabra *social* es de origen romano y no tiene un referente griego]. [...]el uso latino de la palabra *societas* también tuvo en un principio un claro, aunque limitado, significado político; indicaba una alianza entre el pueblo para un propósito concreto... Sólo con el posterior concepto de una *societas generis humani* (sociedad de género humano), 'social' comienza a adquirir el significado general de condición humana fundamental". Hannah Arent, *La condición*, p. 37.

4 Ana Marta González, *Claves de ley natural*, Madrid, Rialp, 2006, p. 148.

5 Cfr. Aristóteles, *Política*, I, 2, 1253a 11-13.

de dominación, sino como vehículo de pensamientos verdaderos, que persiguen la determinación de lo justo en las relaciones humanas. Por ello, si decae el interés por la verdad, así como el interés por comunicarla, decae también la sociedad propiamente humana. En efecto: la coexistencia humana, coexistencia de seres racionales, hace que la indiferencia recíproca que evita la conversación no sea, en absoluto, una situación común o neutral.[6] Pero la expresión plena de la peculiar naturaleza del hombre no se funda solamente en la capacidad de comunicar la verdad, sino en vivirla; en vivir el bien por medio de la justicia. Por ello, para Aristóteles, la ciudad, y a través de ella las demás comunidades que la conforman, contribuye mejor o peor a tal fin en la medida en que promueve o no el desarrollo conforme a los bienes que, según santo Tomás, están ya apuntados en la misma naturaleza del hombre, y que consisten en el desarrollo de las virtudes –entendidas como un actuar excelente– y por encima de ellas, la contemplación de la verdad, sin la cual cualquier deliberación sobre lo bueno y lo justo resulta imposible.

Si la *polis* es la comunidad humana por excelencia por ser aquella en la que las personas manifiestan su humanidad en su sentido más pleno, entonces es también ahí donde, a juicio de Aristóteles, encuentra su nivel más alto de autosuficiencia.

> La comunidad perfecta de varias aldeas es la ciudad, que tiene ya, por así decirlo, el nivel más alto de autosuficiencia, que nació a causa de las necesidades de la vida, pero subsiste para el vivir bien. De aquí que toda ciudad es por naturaleza, si también lo son las comunidades primeras.[7]

Ahora bien, autosuficiencia, del griego *autarkeia*, se dice de quien posee lo necesario y logra una vida feliz,[8] fin último del ser humano, que se considera deseable por sí mismo, sin necesitar de nada más. La felicidad,

---

6   Ana Marta González, *op. cit.*, p. 145.

7   Aristóteles, *Política*, I, 2, 1252b 2, 8.

8   Cfr. *Ibid.*, VII, 4, 1326b4 y III, 9, 1280b34b 2, 8; *Ética nicomáquea*, I, 5, 1097b 14.

pues, consiste en cierta *autarkeia*. "En efecto, lo que cada cosa es, una vez cumplido su desarrollo, decimos que es su naturaleza [...]. Además, aquello por lo que existe algo y su fin es lo mejor, y la autosuficiencia es a su vez, un fin y lo mejor".[9]

En tanto posibilitadora de la *autarkeia,* no debe extrañarnos pues que Aristóteles considere a la *polis* como el referente ético más indispensable del hombre para su vida práctica, aún por encima de la familia –aunque sin excluirla–. En efecto, en opinión del filósofo, el ser humano no se perfecciona sino en relación con la comunidad política en la que ha de vivir, y que más allá de la satisfacción de las necesidades materiales, le proporciona la posibilidad de vivir en comunidad de acuerdo con la justicia, virtud desde la que puede hacer plenamente manifiesta su humanidad. En consecuencia, la *polis* debe ser el lugar donde los hombres encuentren todos los recursos materiales e inmateriales para llevar a plenitud su naturaleza, gracias a la común-unión con otros semejantes, entre otras cosas, mediante la palabra y la acción o la misma amistad.[10] Para la tradición social que comienza con Aristóteles, la ordenación de todo individuo humano a una comunidad regida por la ley proviene de una profunda e interna inclinación entitativa, una verdadera disposición natural, que se basa en una auténtica ordenación esencial del individuo a la sociedad.[11]

> La necesidad comunitaria es entitativa en un sentido plenamente metafísico y no exclusivamente sociológico: el hombre necesita de otros hombres –requiere vivir en comunidad– no sólo para vivir materialmente –lo cual se cumple en la familia y la aldea–, sino para ser hombre.[12]

---

9   *Ibid.*, I, 2, 1253a 9.

10   Los términos *palabra* y *acción* que encontramos en la *polis* aristotélica, los tomamos de *La condición humana*, de Hannah Arendt; por otra parte, la importancia de la amistad para la comunidad política la retomamos de la *Ética nicomáquea* de Aristóteles (Cfr. Libro VIII y IX).

11   Cfr. Carlos Llano, *Humildad*, p. 295. Idea tomada a su vez de Robert Levering.

12   *Ibidem*, p. 296.

En el bosquejo anterior, salta a la vista que las comunidades intermedias, y en particular la empresa, no parecen tener algún lugar propio y delimitado. En efecto, desde la antigua cosmovisión griega sus fines están integrados como parte de las tareas propias de la administración de la casa, por lo que carecen de una especificidad propia y diferenciada. La economía y en específico las funciones que hoy atribuimos a la empresa están restringidas al ámbito meramente privado, tal como lo revela el propio origen etimológico de la palabra, que procede del griego *oîkos*, 'casa' y *nomós*, 'reglas' o 'leyes', es decir, "administración de la casa"; todo lo relativo a la adquisición y utilización de los bienes necesarios para la supervivencia, pues, es tarea propia del administrador del hogar.

En efecto, antes de que se pusiera en marcha el conjunto de procesos específicos de la *modernidad*, la actividad económica estaba ligada al orden institucional tradicional (la política, la familia y la religión); hasta el advenimiento del capitalismo es cuando la economía alcanza grandes dimensiones e irrumpe con enorme fuerza en la sociedad como instancia autónoma que desde entonces obedece a leyes propias.[13] En este contexto, el desprecio aristotélico por la actividad comercial con fines exclusivamente lucrativos cobra sentido. Desde su ontología teleológica, el uso de bienes para obtener un provecho pecuniario en lugar de su uso y consumo representa un mal que trastoca el orden natural de las cosas, pues no se atiende a la naturaleza y función del objeto, sino que se instrumentaliza como medio de cambio. El arte adquisitivo sólo es aceptable cuando su propósito es el de adquirir todos aquellos bienes necesarios para satisfacer las necesidades de la casa con la ayuda de distintos medios entre los que se cuentan la guerra, la pesca, la caza, la ganadería o la agricultura; en cambio, la *crematística* –término que carece de traducción al español–, su versión "desviada", es rechazada por no buscar la adquisición sino la utilización o mercantilización. A ello se suma la intermediación del dinero, el cual, aunque en sí mismo tiene una función positiva porque facilita el intercambio haciéndolo más eficiente, al ser utilizado por la crematística "desviada" provoca que

---

13   Cfr. Adela Cortina, *Ética*, p. 52.

el afán de crear riqueza no reconozca límite y potencie, por así decirlo, su carácter antinatural:

> Así pues, una especie de arte adquisitivo es naturalmente una parte de la economía: es lo que debe facilitar o bien procurar que exista el almacenamiento de aquellas cosas necesarias para la vida y útiles para la comunidad de una ciudad o una casa. Y parece que la verdadera riqueza proviene de éstos, pues la provisión de esta clase de bienes para vivir bien no es ilimitada... Y la riqueza es la suma de instrumentos al servicio de una casa y de una ciudad.[14]

> [...] Existe otra clase de arte adquisitivo que precisamente llaman –y está justificado que así lo hagan– crematística, para el cual parece que no existe límite alguno de riqueza y propiedad.[15]

El comercio con fines exclusivamente económicos pervierte el concepto mismo de riqueza y la reduce a la mera acumulación de bienes materiales en detrimento de una vida autárquica.

Quién busca acumular riquezas sin límite es porque tiene el afán de vivir, y no de vivir bien. Al ser, en efecto, aquel deseo sin límites, desean también sin límites los medios producidos. Incluso los que aspiran a vivir bien buscan lo que contribuye a los placeres corporales, y como eso parece que depende de la propiedad, toda su actividad la dedican al negocio; y por ese motivo ha surgido el segundo tipo de crematística. Al residir el placer en el exceso, buscan el arte que les produzca ese placer excesivo. Y si no pueden procurárselo por medio de la crematística, lo intentan por otro medio, sirviéndose de todas sus facultades no de un modo natural. [Pero] lo propio de la valentía no es producir dinero, sino confianza; ni tampoco lo propio del arte militar ni de la medicina,

---

14 Aristóteles, *Política*, I, 8, 1256b 13-15.

15 *Ibidem*, I, 9, 1257a 2-4.

sino la victoria y la salud, respectivamente. Sin embargo, algunos convierten todas las facultades en crematísticas, como si ese fuera su fin, y fuera necesario que todo respondiera a ese fin.[16]

Claramene se ve que no es la posesión de bienes, sino su estimación como sinónimo de felicidad –estimación de la que se sigue su ansia de acumulación– lo que es condenado por el estagirita. En cambio, su mero uso y disfrute, objetivo de la administración doméstica, no sólo respeta su naturaleza intrínseca, sino que además tiene un papel fundamental para la consecución de la finalidad de la *polis* y sus ciudadanos, en tanto que la felicidad y la vida autárquica necesitan, como condición, una existencia que posea lo materialmente necesario para mantenerse:

> Pero es evidente que la felicidad necesita también de los bienes exteriores, como dijimos; pues es imposible o no es fácil hacer el bien cuando no se cuenta con recursos. Muchas cosas, en efecto, se hacen por medio de los amigos o de la riqueza o el poder político, como si se tratase de instrumentos; pero la carencia de algunas cosas, como la nobleza de linaje, buenos hijos y belleza, empañan la dicha; pues uno que fuera de semblante feísimo o mal nacido, o solo y sin hijos, no podría ser feliz del todo [...] Entonces, como hemos dicho, la felicidad parece necesitar también tal prosperidad.[17]

Por tanto, la importancia de la economía doméstica radica en última instancia en proporcionar los instrumentos necesarios,[18] para lograr la felicidad. En cambio, la mera acumulación, o la generación del interés por el interés mismo, sólo desvían o distraen al hombre de su vocación política,

---

16   *Ib.,* I, 9, 1258a 16-19.

17   Cfr. Aristóteles, *op. cit.,* I, 8, 1099b 1-9.

18   En este sentido, cabe aclarar que aunque Aristóteles considera la necesidad de poseer ciertos bienes materiales, así como salud y proporción física, lo cierto es que también, en última instancia, admite que la carencia de todo ello no impide que el hombre pueda alcanzar verdaderamente la felicidad, aunque sin duda lo dificultaría muchísimo más. Ver *Ética,* I, 8, 1099b 1-9.

que es, en última instancia, una tarea consistente en lograr la *autarquía* de sus ciudadanos.

El análisis anterior resulta paradójico y desafiante para nuestra hipótesis: ¿no está la empresa mercantil moderna más cerca de la versión *desviada* de *crematística* por lo que se trata de una comunidad antinatural y dañina para la sociedad? Y si éste es el caso, ¿cómo podría sostenerse que la empresa puede generar *valor humano agregado*? La respuesta está sujeta a una variedad de matices. Si bien es verdad que la mayoría de las empresas (y de las personas) no se proponen la generación y acumulación de riqueza como fin único y supremo, tampoco es un fin secundario u opcional. La relación de la satisfacción de necesidades con la prosperidad económica es mucho más compleja. Y ello sobre todo porque la generación de riqueza es el medio más efectivo para que las empresas, esas organizaciones intermedias situadas entre la vida política y la vida privada del individuo, permanezcan y aseguren su continuidad en el tiempo.

Siguiendo a Adela Cortina, para resolver este dilema cabe establecer una distinción entre el lado productivo de la economía y su aspecto financiero; en este caso, al espíritu de la economía política de Aristóteles no le sería del todo ajeno el espíritu de empresa en el contexto moderno, ya que su finalidad también es la de producir bienes para el consumo y satisfacción de necesidades, así como para su utilización. Sólo que, dado que nuestra sociedad es mucho más grande y compleja que la antigua sociedad griega –por ejemplo, un número considerablemente mayor de habitantes–, no son las personas en lo individual, sino las empresas como organizaciones, las unidades básicas de producción directamente relacionadas con las unidades de consumo.[19] En otras palabras, son las empresas las que legítimamente, dada nuestra complejidad social, han asumido la misión de seguir satisfaciendo algunas de las necesidades más importantes para la subsistencia humana, y en este sentido, siguen moviéndose en el ámbito de la *crematística* "natural", lo cual quedó de manifiesto al reconocer la *satisfacción de necesidades de la sociedad* como una de las finalidades de la empresa.

---

19   Cfr. Adela Cortina, *op. cit.*, p. 68.

Sin embargo, también es verdad que las empresas modernas no se forman con la única misión de aportar un bien o servicio a la sociedad, pues en la realización de este trabajo también buscan generar mayores beneficios económicos; crear riqueza, según vimos cuando estudiamos la creación de *valor económico agregado,* que es necesaria tanto para seguir invirtiendo en el mantenimiento como en el crecimiento de estas unidades de producción, como legítima, en tanto que se gana al transformar un elemento bruto en un bien adecuado para las necesidades del consumo humano. Por otra parte, con el desarrollo progresivo de la técnica y del afán de bienestar, han desaparecido las posibilidades reales de determinar con certeza qué es "lo necesario" para el bien vivir.

> El horizonte de la economía se ha transformado, desde un modelo que podríamos denominar "ecológico", en que Aristóteles cree poder determinar lo suficiente para vivir bien, a un modelo "productivo", en que ya no es posible poner límite alguno al crecimiento en la producción de riqueza. En este tránsito de la economía ecológica a la crecientemente productiva ocupa un lugar central la empresa moderna, como nueva unidad básica de producción y organización del trabajo.[20]

Ante un panorama tan complejo, es imposible, por no decir inútil, trasladar la separación estipulada por Aristóteles entre la crematística natural y su forma "desviada". En cambio, se antoja mucho más apropiado proponer y construir un sistema económico capitalista guiado éticamente. En efecto, Adela Cortina nos dice que en los últimos tiempos un nutrido número de pensadores y dirigentes del mundo económico y político –e intelectual, agregaríamos nosotros–, ha insistido en que el capitalismo no puede subsistir sin una moral adecuada, porque la integración social exige un arraigado sistema de valores, que no puede ser sustituido ni por el control político-jurídico, ni por la ingeniería social. El capitalismo merece ser considerado, en tanto que ha logrado –o al menos podría lograr– *a)* el más

---

20 *Idem.*

alto nivel de vida material: eficiencia progresiva, crecimiento económico "sostenido", revolución constante de los medios de producción de bienes por medio de la economía de mercado como sistema competitivo, que estimula la creatividad y favorece el bienestar; *b)* distribución menos desigual de la riqueza (según la curva de Kuznets: si el crecimiento económico perdura, a la larga disminuyen las desigualdades);[21] *c)* más libertad y pluralismo, porque permite el pluralismo social y la efectiva distinción (reparto) de poderes, con la consiguiente liberación de la tiranía.[22] Pero todos estos objetivos son posibles únicamente si la proclamada *eficacia* de la economía moderna de mercado se compagina con su propio sentido ético-social, de manera que sus exigencias técnicas se encuentren al servicio de las personas para quienes en última instancia trabajan.

De hecho, reconsiderar la finalidad económica de la empresa a la luz de su sentido ético-social permite establecer una analogía interesante con la función que Aristóteles atribuía a las antiguas *polis* griegas. Y es que, aunque la arena política es el ámbito propio para la discusión sobre el sentido del bien o la justicia, ello no se hace con un propósito meramente especulativo sino práctico; la definición de los límites entre lo aceptable y lo condenable sólo tiene sentido cuando se logra en todas las esferas de la vida corriente de las que la actividad económica de la casa y la aldea no están exentas. La pesca, la caza, la agricultura, e incluso la misma guerra, actividades todas imprescindibles para satisfacer las necesidades cotidianas, no son meros

---

21 La curva de Kuznets es una representación gráfica de la teoría planteada por Simon Kuznets (de la hipótesis de Kuznets) acerca de cómo la desigualdad económica se incrementa a lo largo del tiempo durante el periodo que un país está en desarrollo, pero que tras cierto tiempo crítico, donde el promedio de ingresos se ha alcanzado, esta curva comienza a decrecer. Una de las teorías acerca de por qué ocurre esto establece que, en las etapas iniciales del desarrollo, cuando la inversión en capital físico es el mecanismo principal para el crecimiento económico, la desigualdad es lo que incentiva el crecimiento, al estar localizando recursos hacia quienes más han ahorrado e invertido. En contraste, en países más maduros en desarrollo, la adquisición de capital humano toma el lugar del capital físico como la mayor fuente de crecimiento, y el crecimiento de la desigualdad se vuelve más lento al permitir que suban los estándares de educación, dado que la gente de escasos recursos tiene más posibilidades de financiar su educación que en mercados imperfectos de crédito. Los diagramas de la curva de Kuznets presentan una U invertida situada entre un eje X que alude generalmente al ingreso per cápita y un eje Y que hace referencia al grado de inequidad económica. N. del A.

22 Cfr. Adela Cortina, *Ética*, p. 64.

actos biológicos, análogos a las estrategias propias de cada especie animal para procurar su sustento. Se trata de auténticas actividades humanas por cuanto que deben enmarcarse en contextos definidos por la justicia, y que permitan al hombre superar la dinámica de la ley de la selva, es decir, la ley del más fuerte, para ser ejercidas según un canon de carácter racional. De este modo, la vida según el *logos*, que posibilita una vida verdaderamente *autárquica* como fin de la ciudad, se hace realidad en las actividades cotidianas de la casa y la aldea, cuando éstas son enmarcadas y reglamentadas según el canon de la justicia.

Nuestra imposibilidad para vivir al margen de los demás es interpretada por el estagirita no sólo en términos de una dependencia material, sino más aún, como una dependencia moral y antropológica. En la cotidianidad de la casa o en el intercambio y las relaciones comerciales, también se aspira a vivir el bien y la justicia,[23] valores que se aprenden en nuestra relación con los otros y cuya presencia dota de sentido a la propia vida, al hacerla propiamente humana. Se trata de ideales desde los cuales se articula toda acción común, ya sea en el ámbito familiar, social o político. Pero, para ello, es necesario que tanto en la comunidad política, como en las diversas comunidades sociales intermedias, así como en el seno de la misma comunidad familiar, domine, por encima de una racionalidad instrumental o técnica, enfocada en facilitar los medios más apropiados para conseguir los fines propios de cada comunidad, una racionalidad de tipo "teleológico", en la que se evalúen los fines que moral y racionalmente vale la pena considerar como ejes desde los cuales debe articularse toda acción humana.[24]

---

23 Esta aseveración resulta manifiesta al atender el extenso tratamiento que hace Aristóteles sobre la mejor forma de organizar tanto la casa como la aldea. El canon, en todos los casos, es el mismo: no es el fuerte el que debe gobernar sobre el débil, sino el mejor sobre el peor y así, el libre debe gobernar sobre el esclavo "por naturaleza", el hombre sobre su mujer, y ambos sobre sus hijos. Las consecuencias de que esto no sea así, no repercuten sobre la esfera de la utilidad, sino sobre la esfera de la justicia.

24 La expresión "racionalidad teleológica" es tomada de un artículo de Leticia Naranjo titulado "Felicidad y racionalidad teleológica: una aproximación aristotélica a la Ética Empresarial" en *Tópicos* 20, 2001, pp. 107-136, en el que la contrapone a una racionalidad técnica, que es definida como la implementación de los medios más eficientes para la obtención de ciertos fines.

3.2. "Racionalidad instrumental" y "racionalidad teleológica"

Cohesionar la empresa como una comunidad al modo de la *polis* griega, esto es, cimentar su axiología organizacional sobre los valores del bien, la justicia y como se verá, también de la amistad, requiere, pues, la primacía de una racionalidad de tipo *teleológico* por encima de una de cariz instrumental. Sin embargo, el primer obstáculo para reintroducir una racionalidad de corte "teleológico" en la vida de las organizaciones es el individualismo contraído por la modernidad. El "yo" tiende a ser concebido al margen de sus entornos sociales y su aislamiento lo lleva a carecer de una historia racional de sí mismo, y asume cierto aspecto abstracto y fantasmal.[25] Como resultado, la ética, o los parámetros de acción con los cuales actúa un hombre limitado a la soledad de su individualidad, esencialmente diferente y separada de su entorno social, pierde "comunidad". Esta condición bien puede resumirse en una postura que el filósofo estadounidense, Alasdair MacIntyre, ha llamado "emotivismo", de la cual Hume resulta excelente representante.

Para el emotivista no hay criterios racionales –y por tanto universales– de valoración. Desde cualquier punto de vista que el *yo* adopte, cualquier cosa puede ser criticada, incluida la elección del punto de mira que el *yo* haya adoptado,[26] debido a que no hay *comunidad* que arbitre, de una forma u otra, lo que es *lo bueno* o *lo malo*. Los juicios éticos no pueden ser más que juicios emotivistas: determinada acción moral se juzga de acuerdo con mis propios parámetros, a lo que me produce a mí; no hay tal cosa como un fin racional al cual todo ser humano tienda –como en su momento lo constituyó la *eudaimonía* aristotélica– y en función del cual se puedan conducir o juzgar de manera "objetiva" las acciones morales. La corrección de un juicio moral es relativa al individuo o al grupo que lo hace, y una persona no puede imponer sus demandas morales sobre otras. La moral es un

---

25   Cfr. Alasdair MacIntyre, *Tras la virtud*, p. 52.

26   Cfr. *Ibidem*, p. 50.

asunto esencialmente individual. Ya no hay un *télos* que dé unidad a una identidad social. Ese *télos*, que para Aristóteles claramente se concebía en términos de felicidad, entendida como *autarquía*, ya no resulta creíble para la modernidad. El *yo* individual carece de identidad social alguna; la soberanía en su propio dominio implica perder los límites tradicionales que una identidad social y un proyecto de vida humano ordenado a un fin dado le habían proporcionado.[27]

Al colocar el concepto ontológico de hombre y la propia vida conforme parámetros emotivistas, la pregunta por el valor metafísico de un fin en sí mismo pierde sentido. Cada uno tiene un fin, subjetivo e individual, que escapa al escrutinio racional; incluso la propia felicidad como fin último –tanto en un sentido "natural" como desde una perspectiva "sobrenatural"– pierde su condición fundamental, por lo que se convierte en un fin subjetivo o, en todo caso, un fin cuyo contenido es del todo subjetivo. La función del aparato social se reduce a un contrato que permite convivir entre sí distintos intereses egoístas, y proporcionar a todos sus integrantes los medios más efectivos para que los individuos puedan lograr sus propios fines. La sociedad se convierte en un conjunto de individuos interesados en sí mismos que negocian unos con otros para su beneficio mutuo, y la justicia es tan sólo el marco que posibilita dicha negociación.

MacIntyre considera que en los Estados Unidos, cuna del *management* moderno, domina una forma pragmática de emotivismo, el cual, en un trabajo titulado *Whose justice, which rationality* es presentado como la cultura de la eficacia o la efectividad (*effectiveness*). Su sello distintivo radica en la total atención que se presta a los medios más eficientes para alcanzar cualquier fin predeterminado, al margen del valor moral de la meta en sí misma. En consecuencia, el "éxito" se define en términos del lograr, y no de la bondad del logro en sí mismo.[28] Sin embargo, MacIntyre no fue el primero en conceptualizar este tipo de racionalidad. En su momento, dicho

---

27   Cfr. *Idem.*

28   Cfr. Charles M. Hovarth, "Excellence vs. Effectiveness: MacIntyre's critique of business", *Business Ethics Quarterly* 5 (3), 1995, p. 512.

modo de proceder también fue identificado y calificado por la Escuela de Frankfurt como "racionalidad instrumental" o "racionalidad subjetiva":

> Esta especie de razón puede designarse como *razón subjetiva*. Ella tiene que habérselas esencialmente con medios y fines, con la adecuación de modos de procedimiento afines que son más o menos aceptados y que se sobreentienden. Poca importancia tiene para ella la cuestión de si los objetivos como tales son razonables o no. Si de cualquier manera se ocupa de fines, da por descontado que también éstos son racionales en un sentido subjetivo, es decir, que sirven a los intereses del sujeto con miras a la autoconservación del individuo solo o de la comunidad, de cuya perdurabilidad depende la del individuo. La idea de un objetivo capaz de ser racional por sí mismo –en razón de excelencias contenidas en el objetivo, según lo señala la comprensión [general]–, sin referirse a ninguna especie de ventaja o ganancia subjetiva, le resulta a la razón subjetiva profundamente ajena, aún allí donde se eleva por encima de la consideración de valores inmediatamente útiles para dedicarse a reflexiones sobre el orden social contemplado como un todo.[29]

La "racionalidad subjetiva" es una racionalidad que liga medios y fines según un interés instrumental y subjetivo, al margen de cualquier valoración de carácter objetivo, moral o trascendental sobre el fin por alcanzar. De ahí que también pueda calificarse como una "racionalidad técnica", la cual estaría en oposición de una racionalidad "teleológica", es decir, de un modo de proceder en el que el valor de la meta es el que fundamenta el sentido de la acción, tal como propone Leticia Naranjo. Pero esta oposición entre ambas clases de racionalidad puede remontarse más originariamente al trabajo del sociólogo Max Weber quien, en su clasificación de los modos de la acción social, distingue la acción racional con arreglo a fines, de la acción racional con arreglo a valores. En la primera, el énfasis está precisamente en la efectividad para alcanzar un objetivo, independientemente

---

29   Max Horkheimer, *Crítica de la razón instrumental*, 2ª edición, Buenos Aires, Sur, 1973, pp. 15-16.

de su estimación axiológica; en contraste, en la acción racional conforme a valores, la finalidad buscada, ya sea un valor estético, ético, metafísico o de cualquier otra índole, establece el parámetro desde el que se evalúa la racionalidad de las acciones realizadas en favor de dicho fin. Es así que, mientras la acción social guiada por el primer tipo de racionalidad, afirma Weber, no es capaz de pasar de la justificación de la relación medios-fines a la justificación sobre el valor de esos fines, en cambio, la acción social con arreglo a valores sí puede dar ese paso, ya que posee de primera mano dicha justificación, que se deduce de los mismos principios o normas morales que guiarán su logro.

Uno de los contextos sociales donde según MacIntyre el emotivismo como postura ética ha hecho bastante mella es en la vida de las organizaciones, "de estas estructuras burocráticas que, ya sea en forma de empresas privadas o de organismos de la administración, definen las ocupaciones de muchos de nuestros contemporáneos"; donde la responsabilidad de sus directores consiste en "dirigir y redirigir los recursos disponibles de sus organizaciones, humanos y no humanos, hacia esos fines con toda la eficacia que sea posible",[30] guiándose preponderantemente según una racionalidad meramente instrumental.

Efectivamente, las organizaciones mercantiles procuran ciertos fines predeterminados, a saber, la producción de bienes de consumo o servicios ofrecidos en un mercado para su propio beneficio, según dejó de manifiesto Milton Friedman. Y el hecho de que dichos fines no puedan entenderse sin la mediación del mercado hace que, para el caso de la empresa, la obtención de beneficios económicos sea definitoria. En consecuencia, el acento de estas organizaciones está puesto en los modos más eficientes para obtener dichos fines, con lo que logran así ser eficaces.

Esta idea familiar –quizá incluso estemos tentados a pensar que ya demasiado familiar– es interpretada por Max Weber en cualquier organización, ya sea pública o privada, mediante el concepto de burocracia. "Toda organización burocrática conlleva una definición explícita o implícita de

---

30   Alasdair MacIntyre, *op, cit.*, p. 43.

costos y beneficios, de la que derivan los criterios de eficacia. La racionalidad burocrática es la racionalidad de armonizar los medios con fines económica y eficazmente".[31] Racionalizar o burocratizar implica dividir el trabajo y especializar a cada funcionario. Las responsabilidades y las atribuciones se limitan a cada cargo específico de acuerdo con reglamentos previamente establecidos y no en función del carácter de una persona en particular, lo que en principio permite mejores condiciones para que sus actividades produzcan los resultados que se esperan.

En este sentido, no resulta irrelevante, pues, que Weber también incorpore las mismas dicotomías que el emotivismo. Las preguntas sobre los fines son preguntas sobre los valores, y en este punto la razón calla; el conflicto entre valores rivales no puede ser racionalmente saldado, por lo que no hay más remedio que elegir: elegir entre partidos, clases, naciones, causas o ideales. "Los valores –dice Raymond Aron en su exposición de las ideas de Weber– son creados por decisiones humanas", por lo que atribuye a Weber la idea de que "cada conciencia humana es irrefutable" y que los valores descansan en "una elección cuya justificación es puramente subjetiva".[32] Mientras que un agente puede ser más o menos racional según actúe de manera coherente con sus valores, la elección de una postura valorativa o de un compromiso determinado no puede ser más racional que otra.

> Todas las fes y todas las valoraciones son igualmente no racionales; todas son direcciones subjetivas dadas al sentimiento y la emoción. En consecuencia, Weber es, en el más amplio sentido en que entiendo el término, un emotivista, y su retrato de la autoridad burocrática es un retrato emotivista. [...] En opinión de Weber, ningún tipo de autoridad puede apelar a criterios racionales para legitimarse a sí misma, excepto el tipo de autoridad burocrática que apela precisamente a su propia

---

31 *Ibidem*, p. 43.

32 Raymond Aron, "Max Weber", en *Main Currents in Sociological Thought*, trad. del inglés de R. Howard y H. Weaver, Basic Books 1967, pp. 192 y 206-210, citado a su vez en Alasdair MacIntyre, *Tras la virtud*, p. 43.

eficacia. Y lo que revela esta apelación es que la autoridad burocrática no es otra cosa que el poder triunfante.[33]

De acuerdo con Leticia Naranjo, la empresa moderna tiende a operar bajo el esquema burocrático weberiano. La ética de los negocios está en conexión con las estructuras burocráticas, cuya racionalidad consiste en la conexión entre medios y fines de manera económica y eficiente:

La empresa capitalista moderna progresivamente se vuelve una forma eficaz de lograr fines económicos, mediante modos cada vez más eficientes de asignación y obtención de recursos, de distribución de las funciones y tareas, así como de planificación y control, que permiten mayor predictibilidad de las condiciones del mercado, y por ende, mayores y más eficientes formas de influir en él.[34]

Esta separación entre medios y fines, donde lo único que se puede racionalizar son los medios, y hacerlos más eficientes para alcanzar los fines que previamente y sin ningún escrutinio racional se han determinado como objetivos, da como resultado que la persona defina "lo bueno" en términos del logro efectivo, al margen de cualquier reflexión sobre el valor moral o antropológico del fin en sí. Aquí se encuentra lo que Carlos Llano no ha dudado en calificar con el antiguo adjetivo platónico de *pleonexia*:[35] acumulación enfermiza de bienes como signo externo de victoria; esta actitud, aunque parte del propio individuo, lo lleva a medirse sólo por sus logros cuantitativos, por lo que tiende a eclipsar la motivación interna de hacer bien un trabajo por su propio valor. Si este es el caso, el hombre queda sometido exclusiva o principalmente a la tendencia humana llamada *desiderium*, que lo impulsa únicamente a alcanzar aquello de lo cual carece, mientras opaca

---

33   Alasdair MacIntyre, *op. cit.*, p. 44.

34   Cfr. Max Weber, *Economía y sociedad*, FCE, México, 1992 citado por Leticia Naranjo, *op. cit.* , p. 111.

35   Carlos Llano define la *pleonexia* como el deseo enfermizo de poseer bienes materiales, que expresa no otra cosa sino la falta de límite de nuestra tendencia desiderativa. Cfr. *El empresario*, p. 141.

su impulso denominado en la escolástica como la *effusio,* caracterizado por moverlo a compartir lo que posee. Así, se cae en la popular y falaz creencia de que mientras más se *tenga,* más se *es,* por lo que la medida del éxito sólo puede ser la riqueza o el poder. Ésta es la característica central de la ética de la efectividad que describe MacIntyre, operada por una racionalidad de tipo instrumental,[36] que sin duda nos ha llevado a lograr un progreso exclusivamente técnico, mas no moral.

Sin embargo, la racionalidad no puede estar únicamente del lado de los medios, sino también sobre la elección y valoración de los fines; a esto es a lo que llamamos *racionalidad teleológica.* Una acción puede ser racional en cuanto medio directo para lograr un fin, pero también cuando favorece, como parte de una "política más global", cierto valor o bien de orden superior, cierto *télos* que la ordena.[37] De acuerdo con la ética aristotélica, toda acción humana es guiada por este tipo de racionalidad, en tanto que toda acción parece tender a algún bien: "Todo arte y toda investigación e igualmente, toda acción y libre elección parecen tender a algún bien; por esto se ha manifestado, con razón, que el bien es aquello hacia lo que todas las cosas tienden".[38] El bien como fin es aquello que motiva la acción y la hace racional. De ahí que, para Aristóteles, la tarea central de la ética consiste en encontrar las vías más adecuadas o convenientes para que este actuar llegue a buen término, y así la vida de la persona no sólo se *racionalice* y se *plenifique.* Esta racionalización de la vida le otorga al sujeto una vida coherente, dirigida hacia un *télos* que verdaderamente le corresponda y le dote de sentido.[39] La justificación de las acciones, así como su coherencia, se obtiene en la medida en que estén dirigidas a ese bien que busca el sujeto, y que ya dijimos que para Aristóteles lo constituye "la felicidad" como culminación de las posibilidades de su propia esencia.[40] Lo que Leticia Naranjo ha denominado "racionalidad

---

36 Cfr. Charles M. Hovarth, *op. cit.,* pp. 514-515.

37 Leticia Naranjo, *op. cit.,* p. 111.

38 Aristóteles, *Ética nicomáquea,* I, 1, 1094a 1-3.

39 Cfr. Leticia Naranjo, *op. cit.,* p. 119.

40 Cfr. Carlos Llano, *Análisis,* p. 69.

teleológica" en consonancia con la filosofía aristotélica no es más que la articulación coherente de todas las acciones de un individuo con miras a su propio proyecto de vida, por lo que el criterio para valorar éticamente una acción es la idoneidad teleológica de ésta. Pero las acciones sobre las cuales delibera y decide la ética son contingentes, por lo que para poder orientarlas del modo más conveniente de acuerdo con nuestra propia historia vital necesitamos de la reflexión y la deliberación. Exclusivamente con estos instrumentos podemos establecer de modo auténtico qué es lo que real y fundamentalmente nos conviene; qué es aquello que en última instancia deseamos para nosotros; cómo queremos ser y cuáles son las posibilidades o caminos que podemos seguir para lograrlo.[41]

Sin embargo, esta tarea nunca es completamente individual. En la *Política* también encontramos el tema del bien y la felicidad como "fin final" del hombre, pero esta vez abordada desde el punto de vista de la comunidad. La política es la ciencia práctica por excelencia, en tanto que su objetivo no es buscar únicamente el bien del individuo sino la felicidad de la ciudad o *polis*.[42] Pero este bien mayor no es simplemente el resultado de la suma de los bienes particulares de sus integrantes. En cambio, su preeminencia se debe a que pertenece a un orden ontológico superior: la vida buena, entendida como la ya mencionada *autarkeia* o autarquía para todos sus miembros.[43] Sólo así quedaría justificada la afirmación aristotélica según la cual la política es la ciencia moral más importante, por encima incluso, de la ética.[44]

---

41 Cfr. Leticia Naranjo, *op. cit.*, pp. 121-122.

42 Aristóteles, *Política*, I, 1, 1252a 1.

43 Cabe recordar que el concepto de *autarkeia* está graduado según las posibilidades de naturaleza de cada uno de los segmentos que conforman la ciudad. De este modo, para los esclavos, quienes según Aristóteles "carecen de razón práctica", la autarkeia consiste en ser bien dirigidos por otro mejor que ellos. Para las mujeres, quienes sí poseen inteligencia práctica, pero disminuida, consiste en quedar sometidas a la autoridad de su marido, mientras que los hombres libres griegos, únicos que pueden gozar del estatus de ciudadanos, la autarquía sí supone llevar a plena realización el total de las propias capacidades para poder afirmarse como ser completo. Sin duda siempre será necesario recordar nuestro profundo desacuerdo con esta visión sesgada, que obedecía a los prejuicios de la época, pues suponemos que la autosuficiencia o vida completa es necesaria y posible para todo ser humano.

44 Cfr. Aristóteles, *Ética nicomáquea*, I, 2, 1094a 19-30.

Al no asumir que el fin último de las acciones humanas no puede ser la felicidad, porque el contenido de ésta parece meramente subjetivo, se ha caído en una postura escéptica, que se ha trasladado fácilmente al ámbito empresarial.

> El escéptico se atiene a los meros hechos, los cuales por sí mismos no autorizarán a que se los explique, se les busque sentido o se los legitime. Esto, traducido a la empresa, sería afirmar que los sujetos que participan en ella sólo pueden considerarse a sí mismos y a sus semejantes como las partes de una máquina que no pueden controlar: *los negocios son los negocios.*[45]

Pero la exclusión de una racionalidad teleológica, tal como sucede en la época moderna, conlleva dos peligros: en primer lugar, la "racionalidad instrumental" no es suficiente para asegurar la legitimidad de toda política a la que sirva la burocracia; en segundo lugar, no dar espacio a la crítica, la reflexión y la deliberación de aquello que no estaba contemplado, conlleva una hipertrofia del sistema burocrático o de organización racional (el de medios-fines) teniendo como consecuencia el paradójico resultado de la ineficiencia, y con ello, la propia irracionalidad técnica.[46] Hay que regresar a un uso ético de la razón, tal como lo proponía Aristóteles, sometiendo nuevamente a consideración racional los fines. Una ética de la efectividad, que opera según la "racionalidad instrumental", a la larga y paradójicamente, lo único que promueve es la competencia y el logro individual y deteriora la cooperación y los objetivos comunes de toda empresa, incluyendo la satisfacción de necesidades y la propia autorrealización. Quizá un ejemplo paradigmático de esto es el modo de proceder de uno de los CEO más emblemáticos del siglo XX, Jack Welch, cuyas prácticas lo mismo geniales que arriesgadas, han generado cierta polémica en años recientes,

---

45 Leticia Naranjo, *op. cit.*, p, 127.

46 Cfr. *Ibidem*, p. 113.

debido a su excesiva racionalidad instrumental.[47] En todo caso, este tipo de cuestionamientos deben recordarnos que el éxito no se puede medir únicamente de manera individual sino de manera grupal, y para ello es necesario redescubrir en qué medida la empresa puede cohesionar a sus integrantes, tomando en cuenta sus fines. En cambio, operar solamente de acuerdo con una "racionalidad instrumental", donde el único parámetro valorativo sea el éxito externo, implica irremediablemente renunciar a la racionalidad misma

3.3. *Polis*, comunidad y autorrealización

No es posible en este espacio hacer una reivindicación completa de la historia de la ética sobre esta tarea, pues saldría de nuestras manos demostrar por qué toda acción moral, sobre todo política, no puede ser el producto de

---

47 Jack Welch, quien fungió como CEO de General Electric (GE) de 1981 a 2001, es recordado por su talento para multiplicar sus utilidades y su valor de forma meteórica (el rendimiento de la acción de GE en su periodo fue de 5200%, y sus ingresos crecieron de 25 mil a 417 mil millones de dólares en el mismo periodo) así convirtió a GE en la empresa de mayor valor del mercado en Estados Unidos (600 mil millones de dólares en 2001, que en abril de 2020 equivaldrían a 900 mil USD). Sin embargo, el éxito alcanzado se basaba en un *modus operandi* que en recientes años ha resultado cuestionado, sin contar con que ponía en entredicho la posibilidad del trabajo en equipo. Se trata del método "de la campana" de acuerdo con el cual cada año el 20% de gerentes que obtenían mejores resultados y sobresalían recibían bonificaciones especiales y eran ascendidos, mientras que el 10% de los que no llegaba a los resultados terminaban por ser despedidos. Este sistema, que en un principio les hizo tener mucho éxito económico, al cabo del tiempo fue desgastando a la organización, entre otras cosas, al obstaculizar el interés por la colaboración recíproca, razón por la cual dejó de aplicarse poco después de la salida de Welch en 2001. Su sucesor no pudo mantener el paso y poco después, a raíz del divorcio de Welch de su segunda esposa, salieron a la luz pública los ventajosos arreglos que éste había negociado para su retiro, los cuales no habían sido reportados a la SEC. Adicionalmente, la parte financiera de GE recibió un muy duro golpe en la crisis de 2008. En 2020, la acción valía el 20% del precio que tuvo en 2000.

Hay quienes critican a Welch por haberse centrado en el valor de la acción mientras que otros resaltan su genio al dirigir y hacer crecer una de las empresas icónicas de Estados Unidos, diversificándola exitosamente y manteniéndola en el liderazgo. Ante estos contrastes es difícil emitir un juicio tajante. Hay sutiles matices de gris que nos impiden caer en extremismos, y quizá haya que esperar algunos años para dar un veredicto razonable sobre este controvertido director. Al respecto citemos al actual CEO de GE, Larry Culp: "Jack Welch cambió el panorama de los negocios, tal como lo conocíamos"; lo que no dijo es si fue para bien o para mal.

una elección o una acción de raíz meramente "emotiva" y regida por una racionalidad instrumental. Lo que haremos en cambio es asentir con Aristóteles, y en cierta medida con la lectura de MacIntyre, sobre la necesidad de reintroducir nuevamente la racionalidad para la elección de los fines en un ámbito muy preciso de la acción humana: la empresa. Es decir, queremos salir del escepticismo en el que ha caído la ética de la efectividad, y que en el ámbito de la empresa se ha traducido en la comprensión del hombre como simple módulo funcional, a un ámbito donde haya lugar para la pregunta –y mejor aún, para la respuesta– sobre la validez de los fines que merecen ser buscados en comunidad, que también pueden y deben interpretarse en términos racionales.

En consecuencia, el problema al que nos enfrentamos es el conflicto que se presenta entre el necesario sometimiento a las exigencias de la "racionalidad técnica" –que indudablemente trae beneficios en términos de eficacia–, y la posibilidad de que su búsqueda no impida a los sujetos llevar a cabo realmente una labor reflexiva y deliberativa, sin la cual difícilmente podrían establecer el sentido o descubrir el sinsentido de lo que hacen. En otras palabras, se trata de conciliar los procedimientos que deben cumplir dentro de una organización determinada y a lo que se aspira como fin auténtico que, en última instancia, es la propia plenitud. La empresa es una entidad compleja, que por definición obedece en su modo de organización y en la búsqueda planificada de sus fines a un esquema burocrático. Pero sin una pregunta por los fines propiamente humanos, los procedimientos llegan a carecer de sentido para quienes los tienen que ejercer, y queda como única pseudojustificación de la acción el que "que las normas así lo exigen". Al subvertir el orden de prioridad entre los medios y los fines, entre lo instrumental y lo fundamental, se obstaculizan las posibilidades de acción tanto de los individuos como de las organizaciones.

Una organización mercantil no puede suprimir la legítima aspiración que tienen los individuos de realizar un plan de vida logrado; por el contrario, al ser una organización humana, ésta debe incluir como parte de sus fines dicha legítima aspiración. La vida laboral no es una porción aislada de los intereses y necesidades humanos, sino que tiene que integrarse con éstos, en la medida en que puede facilitar su consecución. Se trata de conciliar tanto los fines particulares como los fines de la organización, de modo que las personas obtengan autorrealización al interior de la empresa, en el ejercicio mismo de su trabajo, y sin estorbar, sino por el contrario, cooperando en la consecución de los fines de la propia organización.[48]

Precisamente nuestra propuesta consiste en reintroducir la racionalidad de fines de acuerdo con la filosofía aristotélica, fines que como ya atisbamos se determinan y alcanzan dentro de una comunidad, y que le sirven como motivo de cohesión. A su vez, esta racionalidad de fines implica tomar postura, comprometerse con la consecución y el logro de ciertos valores auténticos que están íntimamente relacionados o, mejor aún, que posibilitan la propia realización humana. Recordemos que para Aristóteles, la búsqueda del bien común es el fin propio de la *polis,* el cual desde luego ya involucra la inclusión de una valoración moral sobre el contenido de dicho fin común: el logro de *autarkia* por parte de sus ciudadanos. De ahí nuestro propósito de reconciliar la "racionalidad técnica" o "instrumental", que sin duda es imprescindible para el funcionamiento de las instituciones, con la racionalidad que hemos llamado teleológica. Dicho de otro modo, se trata de reintroducir la "racionalidad teleológica" al área empresarial y armonizarla con la "racionalidad instrumental" propia de su operación, de modo tal que las empresas no sólo se interesen por lograr, efectivamente, los fines

---

48 Carlos Llano enfatiza este punto al afirmar lo siguiente: "Aquí debe hablarse claro: son utópicos los deseos según los cuales el individuo debería de sacrificar sus intereses supeditándolos a los de la organización. Utópicos y despreciables. Entender así a la empresa no es más que una forma de totalitarismo, tal vez la más nefasta, por ser *totalitarismo mercantilista.* Lo que sí puede y debe pedirse al individuo es que logre sus metas personales al alcanzar las de la organización: esto, que es la esencia de la profesionalidad por una parte del individuo, es la esencia misma de la organización. Dirigir una organización es desencadenar un proceso en el cual los intereses de los individuos que la forman y los fines de la organización se complementan mutuamente de modo que ni los unos ni la otra lleguen a sus fines respectivos independientemente, sino de manera solidaria. Al individuo ha de pedírsele, pues, más amplitud de miras que espíritu de sacrificio. Una buena parte del proceso de formación del individuo dentro de la empresa ha de ir orientado, justamente, al logro de esta madurez por la cual el hombre se compromete a finalidades compartidas, en lugar de encerrarse en fines concebidos en disyunción, en alternativa con los de la organización en la que trabaja: al punto que lograra sus metas *sólo* cuando la empresa fracasara en las suyas. Estaría en ese caso, por ejemplo, cuando pretendo lograr una remuneración mayor no incrementando la riqueza generada por la empresa, sino mermando la remuneración al operario, al capital o a mis colegas". *Análisis,* p. 174.

específicos para los cuales hayan sido diseñadas, sino también, para que estos fines sean conciliados y ordenados con los fines relacionados con el logro de la propia autorrealización de las personas que las integran.

Introducir una racionalidad teleológica en la empresa nos permite, además, establecer una analogía arriesgada entre ésta y las antiguas *polis* griegas. Al tener entre sus fines la satisfacción de las necesidades de la sociedad, no están exentas del deber de trabajar en favor del bien común, lo cual implica dotar de significado vital las acciones humanas mediante las cuales pueden llevarse a cumplimiento sus objetivos económicos. De este modo, en tanto comunidades humanas, pueden convertirse en fuentes de valor y horizontes de sentido para quienes laboran en ellas. No sólo se trata de añadir valor a un material o servicio para generar riqueza, sino de servir a la sociedad mediante la creación de valor y de hacer que las personas descubran el sentido de lo que hacen en esa acción de servicio. La actividad económica no puede estar desligada de la ética pues, como afirma Alejandro Sisón, "la economía tiene como misión facilitar la práctica de la virtud o de la ética al establecer condiciones materiales favorables entre los ciudadanos del Estado". Pero tampoco puede estar alejada de la política, al menos no de la política como la entendía Aristóteles, en tanto que puede cohesionar a su empresa, al dotar de sentido lo que hacen sus trabajadores para la comunidad, creando *valor humano agregado*.

Sin duda, entre la economía aristotélica y nuestra propia forma de concebir las relaciones económicas han sucedido demasiadas transformaciones. Se ha pasado de una concepción "armónica" de la actividad económica en el contexto familiar, a una concepción conflictiva, incluso muchas veces antagónica, en las organizaciones empresariales modernas, ya que se ha quebrado el sentido tradicional de la comunidad de intereses vitales entre los diversos componentes de la sociedad económica y política.

De ahí la importancia que adquiere en la actualidad la recuperación de una cierta comunidad en (o a través) de la empresa como institución económica moderna básica. Porque, una vez superada la armonía que se sustentaba en la comunidad moral natural, el desarrollo del mundo empresarial moderno condujo al enfrentamiento radical e irreconciliable entre sus partes integrantes (especialmente entre trabajadores y empresarios).[49]

En efecto, este carácter conflictivo e individualista que ha surgido como resultado adverso de nuestras relaciones económicas modernas –y que el Estado parece no poder resolver del todo– puede equilibrarse si las empresas, órganos clave del sistema económico, logran transformar sus máquinas de producción y servicios en auténticas "comunidades morales": en centros de promoción de valores sociales y personales.

Hoy en día el capitalismo se nos presenta como un *factum* que conjuga ambos tipos de *crematística* –según la clasificación aristotélica– de forma indiferenciada. Lo que nos queda es llevar a cabo una vinculación adecuada entre ética, capitalismo, empresa y modernidad.

Así, quien mire la realidad desde la perspectiva de los procesos de modernización, considerará el capitalismo y la empresa como mecanismos de la vida social moderna, junto al Estado y al derecho, que han servido de vehículo para institucionalizar la articulación de *racionalidad* y *libertad*.[50]

Paradójicamente, lo anterior nos acerca a la filosofía aristotélica. Las organizaciones económicas no deben perder de vista que la satisfacción de necesidades de la vida sólo tiene sentido en relación con la vida buena, de forma que las decisiones tomadas con el único acicate de administrar los bienes y satisfacer necesidades, sin una proyección ulterior en la vida buena, son éticamente desviadas.[51] En este sentido, aceptamos que la econo-

---

49 Adela Cortina, *Ética de la empresa*, p. 69.

50 *Ibidem*, p. 53.

51 Cfr. Ana Marta González, *Claves*, p. 149.

mía como tal se subordina al orden de la justicia administrada por el Estado y no a la inversa.

Para cumplir con dicho cometido, el rescate del ideal que subyace a la *polis* aristotélica cobra relevancia: es preciso ver en las empresas comunidades que también tienen una dimensión moral desde la que acogen y encarnan los valores éticos que sus miembros necesitan, tanto para la consecución de los fines particulares para las cuales fueron diseñadas, como para la vida buena en general. Dicho según los términos de este trabajo, si la empresa logra concebirse como comunidad de personas –según el sentido aristotélico, es decir, encaminada a la vida buena– puede aportar *valor humano agregado* en tanto coopere con la propia planificación humana como objetivo último de vida. El importantísimo papel de la empresa en la sociedad moderna la convierte en una candidata ideal para cumplir con esta función. En palabras de Adela Cortina:

> ¿No puede ser la empresa una comunidad que propone a sus miembros un mundo de *sentido*, es decir, que les propone una *identidad*, un *sentido de pertenencia*, unos *valores compartidos*, una *tarea común*, un *bien común* que no difiere del de cada uno de sus miembros, e incluso un sentido de la "excelencia", que el universalismo individualista es incapaz de considerar?[52]

Nos parece que la respuesta es del todo afirmativa. En efecto, si el Estado ha cedido gran parte de su capacidad para condensar y guiar a buen término los múltiples deseos de sus ciudadanos, no podemos afirmar –o en todo caso, desear–, lo mismo de otras organizaciones sociales como la familia, y en este sentido, la propia empresa, pues de lo contrario la sociabilidad natural del ser humano quedaría por completo diluida en el individualismo.

---

52   Adela Cortina, *Ética de la empresa*, p. 83.

La razón de analogía entre empresa y *polis* la encontramos, más precisamente, en la noción de *ethos*,[53] que en el ámbito organizacional bien puede entenderse con el término *cultura empresarial*.[54] En la medida en que la *polis* hace posible para el hombre una vida humanamente digna y feliz, tiene autoridad moral sobre él y puede imponerle exigencias éticas. El *ethos* político constituye una forma de vida y, por consiguiente, una identidad que comparten políticamente quienes quizá poseen identidades prepolíticas diferentes. En ella se hace posible una nueva forma de vida, porque hace posibles nuevos y mejores tipos de acción, cuya excelencia representan una forma más perfecta de virtud. Por esta razón, se estima el acceso a ese tipo de acciones y, por extensión, se valora la participación en la vida política. Al formar parte de la *polis*, el hombre se da a sí mismo su configuración más perfecta. La perfección de la acción moral de un sujeto depende, en tanto acción, del carácter activo de su participación en la comunidad a la que pertenece y mediante la cual forja su carácter. La acción política, como acción configuradora de la comunidad más perfecta, fue, en su momento, la forma más plena de la acción moral. Ser un ciudadano virtuoso, ser activamente excelente en la vida política es considerado por Aristóteles como la más perfecta configuración operativa que el hombre puede darse a sí mismo.

En su momento, la *polis,* como comunidad encaminada hacia un fin-bien común, fue prescriptora de un *ethos* del cual participaban todos sus integrantes con roles determinados dentro de la sociedad, que demandaban ser cumplidos de manera excelente, es decir, de manera virtuosa. Pensamos que en la actualidad la empresa, en cuanto comunidad con ciertos fines determinados, también puede proporcionar a sus integrantes un *ethos*, por medio de su *cultura organizacional* particular. Entendemos por *cultura organizacional* o *empresarial* aquellos conocimientos, experiencias, prácticas o modos de hacer habituales que caracterizan a la empresa, sustentados

---

53 "Hábito", "carácter", "modo de ser".

54 En lo que sigue usaremos indistintamente los términos *cultura empresarial* o *ethos empresarial*. En particular el término *cultura empresarial* nos parece válido ya que en el ámbito de la ética empresarial su uso es frecuente. En todo caso, lo que estamos intentando es enriquecer su contenido, que a veces y sin razón resulta trivial.

en determinados valores y convicciones compartidos por quienes forman la organización.[55] Dicho de otro modo, cada organización debe encarnar valores y respetar derechos que atiendan la especificidad de su actividad, sin dejar de lado la naturaleza propia de su principal componente, que es la persona, y su deseo de autorrealización en un sentido no sólo profesional sino personal. Este conjunto de valores, vividos en el *ethos* de la organización, bien pueden constituir el nuevo norte ético con el que el ser humano contemporáneo busca guiarse y lograr así la seguridad de tener una identidad moral, vivida en común, al interior de la empresa.

Respecto de los valores que deben conformar dicha *cultura organizacional,* cabe hacer una aclaración. Aunque existen muchas y muy diversas virtudes éticas que aún compartimos con los griegos, también es debido admitir que nuestras sociedades tienen puntos discordantes. En nuestro caso concreto, los valores de libertad, igualdad y solidaridad, consolidados en los derechos humanos; el valor de la tolerancia activa, así como la imposibilidad de proponer a otros el propio ideal de vida si no es mediante el diálogo y el testimonio, componen por el momento el caudal de la ética cívica en las sociedades con democracia liberal. Esto no necesariamente significa que todas las personas que viven en estas sociedades están de acuerdo en esos valores y derechos, pero sí que las instituciones y organizaciones de tales sociedades en cierta medida adquieren su legitimidad al protegerlos y defenderlos. Por eso, todas ellas han de impregnarse de los mencionados valores, respetar y promocionar los derechos morales e incorporarlos a su quehacer cotidiano, ya que, en caso contrario, quedan moralmente deslegitimadas.[56] En cambio, actualmente no defendemos algunas normas y valores que Aristóteles defendía o sugería para su sociedad –como la esclavitud natural, la distinción de los hombres según sus actividades en serviles y liberales, o según su origen o sexo, etc.–, al menos no como valor social, esto es, como motivo de cohesión e identificación

---

55 Cfr. Domenec Mele, *Ética en la dirección de empresas*, Biblioteca IESE, Colección de Empresa, Folio, Barcelona, 1977, p. 21.

56 Cfr. Adela Cortina, *op. cit.*, pp. 42-43.

común. Sin embargo, el paralelismo entre la empresa y la antigua *polis* griega no se encuentra en el contenido específico de los valores que deben guiar a la sociedad o a una organización particular –pues en este sentido la empresa no ha sustituido de ningún modo a la *polis* griega–, sino en la capacidad que tiene esa organización para encarnar, legitimar y dar vida a determinados valores sociales como motivo de identidad social, así como en el carácter axiológico que éstos deben tener, a fin de que sean conducentes al logro de una vida buena.

La meta de la actividad empresarial es la satisfacción de necesidades humanas mediante la puesta en marcha de un capital, del que es parte esencial el "capital humano". La bondad intrínseca de la actividad empresarial radica en satisfacer esas necesidades y, concomitantemente, desarrollar al máximo las capacidades de sus colaboradores, metas ambas que no podrá alcanzar si no es con la promoción de valores de libertad, igualdad, solidaridad y justicia; de cooperación, magnanimidad o esfuerzo, desde el modo específico en que la empresa puede y debe hacerlo.

> Es en este sentido en el que la recién nacida ética de la empresa tiene por valores irrenunciables la *calidad* en los productos y en la gestión, la *honradez* en el servicio, el *mutuo respeto* en las relaciones internas y externas a la empresa, la *cooperación* por la que conjuntamente aspiramos a la calidad, la *solidaridad al alza* que consiste en explotar al máximo las propias capacidades de modo que el conjunto de personas pueda beneficiarse de ellas, *la creatividad*, la *iniciativa*, el espíritu de *riesgo*.[57]

La empresa, pues, crea *valor humano agregado* cuando se concibe a sí misma como una comunidad capaz de generar un *ethos* o cultura empresarial guiado por una racionalidad *técnica*, que además de proponerse la eficacia, este *ethos* promueva también ciertos valores de orden ético –por cuanto inciden en el comportamiento– que logran cohesionar a sus miembros en

---

57 *Idem.*

pos de metas comunes específicas y trascendentales. Es decir, cuando hace de su organización un lugar para la *moralización* (¿o debemos decir mejor, *humanización?*) de la persona, quien en su seno encontrará las condiciones necesarias para su realización profesional, y también personal, *porque dichos valores y modelos de acción conducen al hombre por la vida buena, que es, en última instancia, su fin final.*

Esta cultura o *ethos*, si está bien dirigido,[58] es capaz de conferir a sus miembros una serie de valores específicos y modelos de acción que, si tienen una base antropológica verdadera, serán coherentes y consonantes con los propios fines de los integrantes de una empresa, y fomentará su propia autorrealización; y a su vez, dicha cultura también ejercerá cierta retroalimentación en todo el *ethos* de la sociedad. De otro modo, si quienes desarrollan actividades empresariales no están dispuestos a vivir según los valores que les son propios, entonces tampoco será posible al cabo mantener en alza la moral de la sociedad en su conjunto. Así lo corrobora Alejandro Llano cuando afirma que hay una "incidencia de la configuración de la empresa en el *ethos* del ciudadano".[59] Es preciso analizar cómo la empresa puede conformar cierta "tradición" o cierto *ethos* –que a su vez proviene y retroalimenta a tradiciones más globales–, a partir del cual el sujeto se comprenda a sí mismo y obtenga parámetros para juzgar y actuar. Hasta ahora se ha argumentado que la *cultura organizacional* regularmente proviene de estas tradiciones más generales, al tiempo que las retroalimenta, mientras que simultáneamente impacta sobre las convicciones morales y éticas de sus miembros y crea *valor humano agregado* para ellos, como fuente de moralización. De este modo, es relevante desarrollar una *cultura empresarial* con ciertas características que permita conjugar ambos fines, a saber,

---

58 Esta preocupación ya la mostraba Aristóteles en su *Política* cuando se pregunta por el mejor régimen para dirigir la ciudad: "Sobre el régimen mejor, el que se proponga hacer una investigación adecuada, es necesario que determine primero cuál es la vida más preferible, pues si esto está oscuro, también está oscuro, forzosamente, el régimen mejor, ya que es normal que a los mejor gobernados dadas las circunstancias les vaya lo mejor posible, si no sucede algo ilógico". Cfr. VII, 1, 1323a 1.

59 Alejandro Llano, *La nueva sensibilidad*, Madrid, Espasa-Calpe, 1989, p. 148.

tanto la autorrealización personal como el logro efectivo de los fines propios de la empresa.

Entre las características que debe poseer dicha *cultura empresarial* –entendida en su sentido más profundo como *ethos*–, encontramos las siguientes:

A. Predominio de la *inclusión* sobre el *rango*

De acuerdo con Carlos Llano, quien sigue a Edgar Schein en este punto, el desarrollo de las personas en la organización depende en gran medida del sistema de promoción con el que ésta cuente, el cual constituye un parámetro moral tan importante como inadvertido. Generalmente, se tiende a pensar que la vía más adecuada de desarrollo dentro del grupo radica en fomentar la promoción de los empleados hacia puestos más altos: de obrero manual a técnico, a jefe de taller, a supervisor, a gerente de departamento, a director general, etc., línea ascendente que Schein denomina con el título de *rango*. Empero, creer que el único crecimiento que podemos encontrar en una organización económica puede darse en la continua escala de niveles jerárquicamente acomodados presenta algunos inconvenientes para su propio dinamismo, como el de promover una competencia que puede resultar moralmente perniciosa.

En contraste, cabe otra dirección en el desarrollo de las personas al interior de la empresa, perpendicular a la línea horizontal del *rango*. Se trata de la *inclusión*, que se mueve desde la posición externa de la organización hacia la interna. Quienes siguen esta línea buscan solidarizarse mutuamente con los intereses de la empresa, pertenecer a ella antes que intentar subir los peldaños de la jerarquía; en pocas palabras, se adentran desarrollando su sentido de *pertenencia* a la organización.

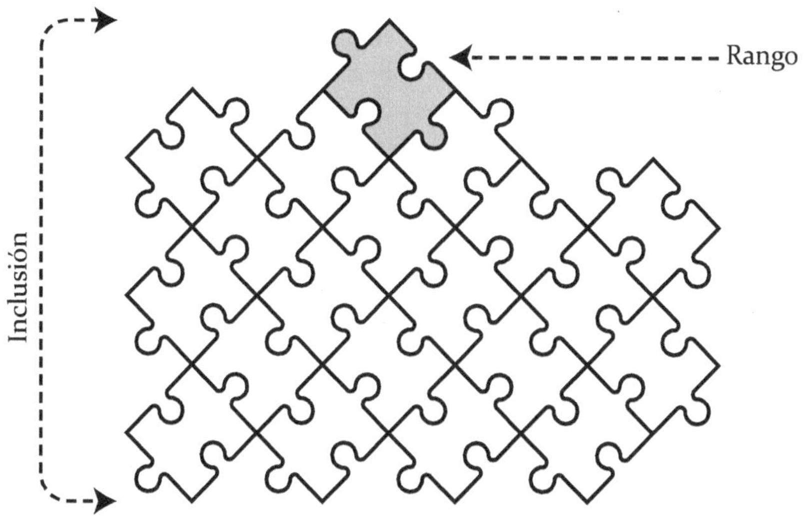

Figura 3. Esquema de rango e inclusión.

El *rango* fomenta el individualismo. El logro de los objetivos únicamente se puede ver a título personal; quien los persigue se propone precisamente destacar sobre los demás. Llano utiliza el término *primus* para definir a este tipo de persona, quien sólo busca el logro personal, alcanzar sus objetivos más por lo que tienen de personales que por lo que tienen de *valiosos*, y viendo desde ellos, ante todo, el brillo de su persona. En este caso, el énfasis está puesto en lo *personal* del logro.[60]

En cambio, en el caso de la *inclusión,* la persona se permea a tal punto del modo de ser de la empresa que sus propósitos individuales suelen coincidir con los de ella. El término que utiliza Carlos Llano para definir a la persona que se mueve en esta línea es *secundus*; es decir, se trata de una persona que desea obtener el logro personal por lo que tiene de valiosa la meta no sólo para él, sino también para aquellos que, junto con él, se proponen conseguirla. En este caso, el acento se coloca en el *logro*, que resulta tanto de la empresa, como en lo personal.

---

60   Cfr. Carlos Llano, *El empresario y su mundo*, México, McGraw Hill, 1990, pp. 167 y ss.

Por ende, ascender exclusivamente sobre la vía del *rango* implica un mero crecimiento exterior y superficial, marcado más bien por el logro y el éxito individual aparente. En cambio, el crecimiento en la dirección de la *inclusión* –línea que resulta mucho menos evidente–, implica primordialmente que el hombre que crece en dicha dirección ha sobrepuesto el importante papel que ocupan sus acciones para el bien de la comunidad –y que pueden repercutir positivamente en él mismo.

> Cuando los miembros de una empresa se orientan por la línea de la *inclusión* tienden a salvaguardar las políticas y los valores de la organización, porque les interesa la estabilidad de ésta, de la que forman parte importante, y son miembros que tienen "peso" en ella; prevén además los efectos secundarios de sus acciones personales en la organización y compiten por servir.[61]

Por la propia naturaleza del ser humano, que lo impulsa hacia la vida en comunidad, éste es empujado hacia la solidaridad mutua, al compromiso con la sociedad en y de la que vive. Dicha solidaridad puede establecer una sana y natural restricción en la obsesión de ascenso, de poder, de preponderancia, "aunque no son fenómenos que se opongan, moralmente es preferible ser amigo que ser jefe. Éticamente pueden coordinarse el *rango* y la *inclusión* para lograr un verdadero desarrollo, porque si bien son direcciones diversas, no son francamente contradictorias".[62]

Pensamos que una cultura o *ethos* empresarial interesado en la promoción de su organización como comunidad humana tenderá a promover más la *inclusión* horizontal para favorecer la cohesión del grupo, por encima de la dirección vertical del *rango*. Este compromiso sólo será posible si las empresas realmente interesadas en formar auténticas comunidades al interior de sus organizaciones fomentan mecanismos y políticas que posibiliten la cohesión de todos sus integrantes, de modo que todos se sientan

---

61 *Ibidem*, p. 36.

62 Cfr., *Ibid.*, p. 35.

igualmente acogidos e identificados, al mismo tiempo que establece fines y metas que también puedan ser asumidas como "propias" para todos los trabajadores que participen en su consecución.

B. Fomento de las motivaciones asociativas sobre las motivaciones de preponderancia

Quienes prefieren subir en la línea del *rango* o quienes deciden introducirse o *incluirse* más en la empresa, están sujetos, en el fondo, a motivaciones específicamente distintas. La motivación es el impulso que todo hombre siente para satisfacer diversas necesidades. De acuerdo con Carlos Llano, al parecer la empresa contemporánea atiende más a las motivaciones que, de forma específica, fomentan el *rango*, y menos a aquellas que precisamente conducen a la *inclusión,* con nefastas consecuencias para las personas y para la organización.

Para comprender lo anterior, es preciso aclarar primero que las personas persiguen dos tipos de bienes: los bienes exclusivos y los bienes comunicables. Cuando se goza de los primeros, se excluye a los demás de cualquier participación, por ejemplo, la comida. En cambio, los segundos no sólo permiten que otros participen de ellos sin que aquéllos los pierdan o los vean disminuidos, sino que, en cierto modo, lo exigen; tal es el caso de la alegría. Quien se encuentra alegre tiene la compulsión de que los demás participen de su alegría, y en esa participación, su propia alegría, lejos de disminuir, se acrecienta.[63]

Cada uno de estos tipos de bienes puede ser perseguido, a su vez, por dos tipos distintos de motivaciones. Por un lado, encontramos las *motivaciones disgregadoras* o de *preponderancia* que nos impulsan a obtener solamente bienes exclusivos, tales como los bienes materiales, la posición real o el *estatus*, el poder sobre otros, la preponderancia sobre los demás, el prestigio y la popularidad. En el ámbito preciso de la empresa, son las que

---

63 Cfr. *Ibid.*, pp. 177-178.

fomentan y se relacionan con la aspiración de cualquier trabajador para subir por la línea del *rango*.

Sin embargo, por su propia naturaleza, los bienes que corresponden a las motivaciones de preponderancia han de ser comparables entre sí. Esta comparación, que se convierte fácilmente en competencia, hace que los mencionados bienes se transformen en bienes prototípicamente excluyentes, ya que la comparación es por naturaleza excluyente.[64] No podemos dejar de resaltar el hecho de que un hombre que únicamente se deja llevar por sus motivaciones disgregadoras, buscando bienes exclusivos, tiene amplia relación con el egoísta *homo homini lupus* hobbesiano, mencionado antes.

En cambio, la restricción o contrapeso más eficaz de *las motivaciones de preponderancia* es el desarrollo de las *motivaciones asociativas*, que no necesariamente se oponen a las primeras, pero orientan a la persona hacia otras direcciones más sanas para la organización: la salud, los conocimientos, la amistad y la alegría. Es decir, las motivaciones asociativas conducen al ser humano a buscar bienes compartibles con los demás, lo cual a su vez denota un interés por progresar sobre la línea de la *inclusión* mencionada en el apartado anterior.

Si nosotros incitamos a los individuos de la organización para que anhelen bienes comunicables, y ampliamos sus espacios de desarrollo, la pirámide se ensanchará hasta dejar de serlo, pues sus integrantes buscarán más la *inclusión* que el *rango*. Pero lo importante no sería esto. Lo importante es que se *ensancharía* verdaderamente a la persona como tal, al encauzarse hacia dimensiones más amplias, de mayor compatibilidad mutua. Seremos jefes de personas propiamente tales, y no de individuos encogidos por su egoísmo posesivo y progresivo.[65]

Así pues, consideramos que una propuesta de *management* que considere verdaderamente la creación de *valor humano agregado* como una de sus causas finales, estará interesada en fomentar una *cultura*

---

64   Cfr. Carlos Llano, *Humildad*, p. 75.

65   Cfr. *Ibidem*, p. 77.

empresarial que contenga políticas y acciones que favorezcan el desarrollo de las *motivaciones asociativas*, por encima de las *motivaciones disgregadoras* de sus miembros. Esto funcionará como causa de identificación entre los miembros de la empresa, y los empujará a trabajar por fines comunes específicos, en cuyo encuentro también se dará una perfección "entitativa" de los propios trabajadores, por cuanto que estas motivaciones asociativas tienden a buscar *bienes* –como la solidaridad–, que son de suyo *compartibles*.

C. Trabajo en equipo

Una de las premisas que subyacen a nuestra tesis según la cual la empresa debe concebirse a sí misma como comunidad, es que la persona no se desarrolla de forma aislada (por altas que sean las metas que consiga), y que no serán muy altas sus metas (si las consigue solo). Por ello, creemos que también se puede hablar de una auténtica *cultura* o *ethos* empresarial, cuando éste promueve el trabajo en equipo. Para Carlos Llano, el valor del trabajo en equipo no reside tanto en sus posibilidades cuantitativas al permitir el logro de un mayor número de metas, sino en el ámbito de lo cualitativo, para lograr las más valiosas de todas: que las personas *den de sí* lo más que puedan, pues el hombre no se expande más que donándose a sí mismo a los demás.[66] La empresa también es un lugar propicio para la fraternidad y la solidaridad, donde todos den de sí a los demás y se sientan responsables por todos.[67] Benedicto XVI lo dice con todas sus letras: "Sin formas internas de solidaridad y de confianza recíproca, el mercado no puede cumplir

---

66 Cfr. *Ibid.*, pp. 173-173.

67 "Hoy podemos decir que la vida económica debe ser comprendida como una realidad de múltiples dimensiones: en todas ellas, aunque en medida diferente y con modalidades específicas, debe haber respeto a la reciprocidad fraterna. En la época de la globalización, la actividad económica no puede prescindir de la gratuidad, que fomenta y extiende la solidaridad y la responsabilidad por la justicia y el bien común en sus diversas instancias y agentes. Se trata, en definitiva, de una forma concreta y profunda de democracia económica. La solidaridad es en primer lugar que todos se sientan responsables de todos", Benedicto XVI, *Caritas in Veritate*, núm. 38.

plenamente su propia función económica".[68] Se trata, en fin, de resaltar la cooperación por encima de la competencia.

Además de confianza y solidaridad, el trabajo en equipo requiere de humildad: humildad para reconocer que los demás poseen cualidades que a mí me hacen falta, y que yo necesito para mi propio desarrollo. No basta reconocer fuerzas y debilidades propias; se requiere, además, complementarlas con las debilidades y fuerzas ajenas. También requiere de la participación de todos los miembros de la empresa con vistas al logro de fines comunes.

> El verdadero sentido de la participación se encuentra cuando el personal de todos los niveles *se involucra en las finalidades de la empresa* como si fueran los propios partícipes del proyecto, en esa aventura que es la empresa, en la medida en que esté a su alcance. *Hay que conseguir que quienes trabajan en la empresa puedan aportarle su imaginación, su iniciativa, su entusiasmo.*[69]

Dicha participación sólo podrá ser promovida por un líder asociativo, y no por uno que únicamente sea competitivo. Por tanto, nos parece que una tercera forma de sugerir que una *cultura empresarial* determinada se acerca a la noción de "plenitud" que se puede alcanzar en comunidad, se dará por la forma en que a cada proyecto de *management* le parezca importante o no el trabajo en equipo.

D. La amistad en la empresa

Por último, la cohesión de quienes están dispuestos a trabajar en equipo no puede consolidarse si la empresa, a su vez, no genera entre sus miembros relaciones de amistad. De hecho, el propio Aristóteles afirma que la amistad es un elemento indispensable dentro de la comunidad política: "Todo es obra de la amistad, pues la elección de la vida en común supone

---

68 *Idem.*

69 Carlos Llano, *Humildad*, p. 157. Las cursivas son nuestras.

amistad".[70] Empero, debemos decir que dicho concepto no es unívoco sino multifacético; su acepción va más allá de lo que cotidianamente estamos acostumbrados a reconocer como tal. Nuevamente es el estagirita quien nos ayuda a ensanchar sus sentidos, para evaluar la posibilidad de la amistad en la empresa.

En su obra *Ética nicomáquea*, Aristóteles define la amistad como lo más necesario para la vida, pues brinda la oportunidad de hacer el bien.[71] Pero de la amistad existen al menos tres clases o especies. El primer tipo se basa en la utilidad. Son amigos quienes encuentran en el otro algo que les conviene. Así, los que se quieren por interés no se quieren por sí mismos, sino en la medida en que pueden obtener algún beneficio del otro; una vez terminado el bien proporcionado, la amistad termina. Algo similar ocurre con la segunda especie de amistad, a saber, aquella que se basa en el placer. En este caso, la razón de complacencia se encuentra en el hecho de que el otro me resulta agradable para la convivencia; es decir, se disfruta la compañía del otro para realizar algún tipo de acción en común.[72]

Pero existe un tercer tipo de amistad, que es el más perfecto. Se trata de una amistad que se funda en la participación común de la virtud. En este caso, lo que se comparte no es una utilidad mutua o un placer que satisface a ambos amigos, sino el deseo del bien en sí mismo, arraigado en el carácter moral de cada uno de los amigos. "Pero la amistad perfecta es la de los hombres buenos e iguales en virtud, pues en la medida en que son buenos, de la misma manera quieren el bien el uno del otro, y tales hombres son buenos en sí mismos".[73] A diferencia del primer y segundo tipos, esta clase de amistad sólo puede darse entre dos hombres que son buenos. Además, es mucho más estable, pues

---

70   Aristóteles, *Política*, III, 9, 1280b 13.

71   Aristóteles, *Ética nicomáquea*, VIII, 1, 1155a 2.

72   Cfr. *Ibid.*, VIII, 1-4.

73   *Ibid.*, VIII, 3, 1156b 5-9.

aquellos que en sus relaciones amorosas intercambian no lo agradable sino lo útil, son menos amigos y por poco tiempo, y los que son amigos por interés, deshacen la amistad cuando termina la conveniencia, porque no eran amigos uno del otro, sino de su propio provecho. Así pues, por el placer y por el interés, los hombres malos pueden ser amigos entre sí, y los buenos de los malos, y quien no sea ni lo uno ni lo otro puede ser amigo de cualquiera; pero es evidente que sólo los buenos pueden ser amigos por sí mismos.[74]

En este estado de cosas, parecería que las únicas relaciones de amistad posibles en la empresa serían aquellas fundadas en razón de la utilidad, o a lo más, del placer. Los colegas no son más que personas con las que normalmente se colabora a cambio de algún beneficio. O en todo caso, la amistad se forja sólo con aquellos con quienes se pasa un rato agradable en la oficina, mientras el trabajo conjunto dure. Nuestra opinión, de acuerdo con las ideas de Carlos Llano, quien sigue a Aristóteles en este punto, es del todo diversa. El trabajo en tareas comunes, que piden de suyo una estrecha interrelación, aun siendo periféricas, constituye una ocasión propicia para las relaciones de amistad.[75] Como el propio Benedicto XVI sostiene:

Se pueden vivir relaciones auténticamente humanas, de amistad y de sociabilidad, de solidaridad y de reciprocidad, también dentro de la actividad económica y no solamente fuera o "después" de ella. El sector económico no es ni éticamente neutro ni inhumano o antisocial por naturaleza. Es una actividad del hombre y, precisamente porque es humana, debe ser articulada e institucionalizada éticamente.[76]

---

74 *Ibid.*, VIII, 4, 1157a 11-20.

75 Carlos Llano, *La amistad en la empresa*, México, IPADE/FCE, 2000, p. 103.

76 Benedicto XVI, *Caritas in Veritate*, núm. 36.

De este modo, las relaciones interpersonales en la empresa pueden ir avanzando por distintas esferas vitales que pueden llegar, cuando lo hacen, a forjar una verdadera amistad.

La primera de dichas esferas es el compañerismo. Esencialmente el compañerismo se define por una actividad que se realiza en común de modo que no hay empresa sin compañerismo. Pero el compañerismo sólo comparte *actividades*. Se refiere no propiamente a las personas, sino a las acciones que éstas realizan. Por ello, los vínculos ahí originados son débiles y demasiado dependientes de esas actividades. La acción realizada en común no es potente para aproximar a las personas como tales. Constituye una simple circunstancia exterior por virtud de la cual *no hay acceso a la intimidad*.[77]

En otro nivel antropológico diferente, también son preámbulo de la amistad los afectos –simpatía, agrado, complacencia psicológica– que nos brotan respecto de las personas con las que convivimos. La simpatía se da por la facilidad natural en unos y en otros de captar y hacernos sentir (muchas veces por expresiones no verbales) los sentimientos, lo cual hace que la convivencia sea agradable: *nos caemos bien*. Esta afinidad sentimental consiste en una atracción recíproca que alienta la unión, la identificación mutua y forma parte constitutiva de la amistad, aunque en modo alguno se identifique con ella. "Las personas no pueden convivir si no tienen los mismos gustos y no gozan y se entristecen con lo mismo."[78] Mientras el compañerismo se centra en las acciones de los individuos, que son en buena parte externos a ellos (o al menos externos son sus resultados), los afectos pertenecen a un círculo de mayor cercanía: más aún, de intimidad. En este sentido –y sólo en éste– la afectividad tiene una inherencia personal de mayor peso que el mero compañerismo. Es difícil encontrar una relación de amistad sin afectos comunes, que podremos ejemplificar en lo que resulta más sintomático y menos discutible: la simpatía.

---

77 Carlos Llano, *La amistad*, p. 105.

78 *Idem.*

Las debilidades de los afectos (divergencia, inestabilidad, falta de control...) encuentran su contrapeso en sus fortalezas. La simpatía refuerza lazos que no consigue el compañerismo. El compañerismo resulta demasiado externo, porque se refiere sólo a las actividades externass si no se le adiciona el afecto. En cambio, la simpatía es interna, aunque demasiado subjetiva. La relación amistosa requiere pasar a otra fase, en la que se sumen la interioridad y la objetividad.[79]

Por ello, además de las acciones compartidas, que pueden ser la génesis del *compañerismo*, y de los afectos mutuos, que suelen serlo de la simpatía, el exordio de la amistad se halla sobre todo en los intereses comunes. Este fenómeno de la sintonía de intereses no consiste necesariamente, como en general se cree, ni en interesarse por las mismas cosas ni en interesarse por varias cosas de la misma manera. Si las acciones comunes son génesis del *compañerismo*; si los afectos comunes son causa de la *simpatía*, es la *complementariedad* la que nos permite decir que dos personas tienen intereses comunes, a tal grado que la piedra de toque de la dirección de la empresa es "el arte de proponer y motivar a las personas hacia objetivos que les sean complementarios, es decir, suscitar intereses que quedarían incumplidos si no se diera una ayuda mutua para satisfacerlos".[80]

Así, el trabajo conjunto, el afecto recíproco y los intereses comunes nos preparan para un acto de la voluntad por el cual lo que se llega a amar es a la persona por sí misma. "Amar significa desear al amigo lo que se considera bueno, pero no en beneficio de uno mismo, sino del otro".[81] En este nivel, se trata de la elección de una persona completa; no de algunas cualidades parciales suyas, sino de toda ella, con todas sus consecuencias. Llegamos, así, a una concepción de amistad que, en concordancia con las ideas aristotélicas, desarrolla el propio Carlos Llano: *"La amistad genuina se encuentra esencialmente constituida por un acto de la voluntad, mediante el*

---

79 Cfr. *Ibid.*, pp. 107-111.

80 *Ibid.*, p. 133.

81 Aristóteles, *Retórica*, 2, 4, 80f.

cual surge el amor de benevolencia. La benevolencia es el término clásico para indicar la acción por la que quiero el bien para el otro".[82]

En este grado, el bien que se quiere para el amigo va más allá de una relación "sentimentaloide" que implica, entre otras cosas, aceptar al amigo tal como es, ayudarlo a superarse y estar dispuesto a que él también me ayude a superarme a mí. Para Carlos Llano estos tres elementos, es decir, la aceptación, la ayuda activa y la ayuda pasiva, constituyen la amistad electiva, esto es, la decisión de una persona como amigo, a los que se les debe añadir un cuarto elemento: la mutualidad.

El propio Llano utiliza el siguiente esquema para representar lo que quiere decir:

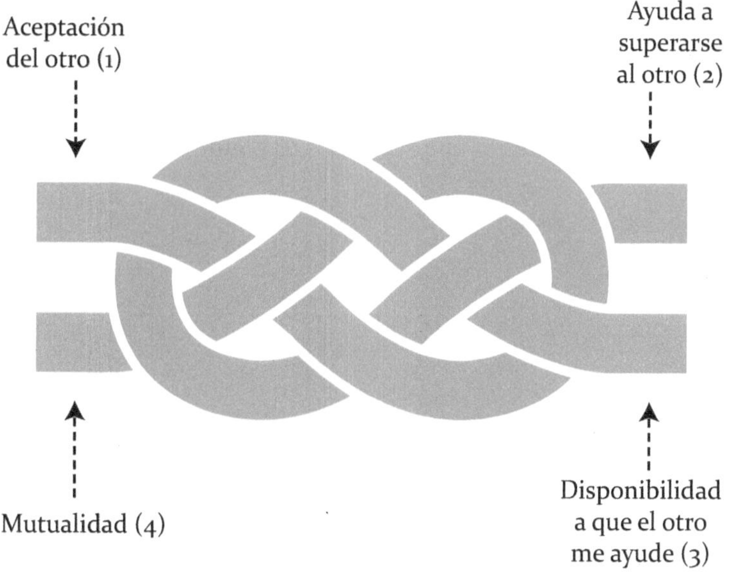

Figura 4. La amistad en la empresa.

De este modo, sólo hay auténtica organización cuando los individuos que la componen se aceptan entre sí y cuando están dispuestos a

---

82 Carlos Llano, *Ibid.*, p. 34.

ayudarse mutuamente, esto es, a ayudar al otro y a permitir y desear que el otro me ayude.

Cabe decir que, aunque *organización* y *amistad* se distinguen conceptualmente como dos realidades diversas, también es verdad que en la medida en que dentro de la organización no se encuentre la amistad (con sus cuatro elementos, a saber, compañerismo, afecto, intereses comunes y benevolencia), la organización estará desorganizada (será menos organización); esta falta de amistad no puede ser suplida por un sistema organizativo. Y en tanto los cuatro elementos de la amistad no se encuentren organizados, la amistad tendrá menos fuerza, las personas serán menos amigas. La amistad no anula la organización, sino que la exige.[83] Esto nos lleva a concluir que la empresa también se convierte en auténtica comunidad humana y, por tanto, genera *valor humano agregado* cuando su *cultura organizacional* y, sobre todo su dirección, fomenta y más aún, institucionaliza como uno de sus fines, la promoción de la amistad en la empresa, entendida según los términos que acabamos de enunciar.

---

83 *Ibid.*, p. 135.

CAPÍTULO 4

El *valor humano agregado* y la articulación de la experiencia en la nueva teoría del *management*

4.1. La especialización del *management* como disciplina

Hasta ahora hemos defendido que existen al menos dos sentidos, vinculados entre sí, conforme los cuales es posible afirmar que la empresa es capaz de generar *valor humano agregado* para sus miembros. El primero de ellos invita a la consideración del trabajo desde una perspectiva *práctica* y no sólo *productiva* en tanto que el trabajo también incide en la formación del carácter del trabajador; el segundo, a encontrar en la empresa una verdadera comunidad humana cohesionada por ciertos valores organizacionales que conforman la denominada *cultura organizacional*, los cuales dotan a sus trabajadores de identidad y sentido. A ello se suma un tercer aspecto bajo el cual es posible, a nuestro parecer, afirmar que la empresa puede ser causa del desarrollo personal de quienes trabajan en ella. Se trata de la empresa como fuente de generación de conocimiento, lo cual se concreta en el desarrollo teórico y especulativo de la propia disciplina del *management*.

Esta afirmación no deja de ser paradójica si consideramos que, según Peter Drucker, uno de los pensadores sobre empresa más influyentes del siglo xx, los grandes avances del *management* no son producto del razonamiento o las ideas de académicos teóricos, sino más bien de los descubrimientos que han hecho directores –conocidos como *practitioners* en inglés– en el ejercicio mismo de la dirección empresarial. Personas cuyo "saber hacer" era muchas veces fruto de su creatividad y capacidad de innovar. Los ejemplos más significativos están ilustrados tanto por Alfred P. Sloane, quien fuera durante prácticamente 40 años director ejecutivo (mejor conocido como CEO –*chief executive officer*–) de General Motors, así como por Jack Welch, CEO de General Electric durante 22 años. En el mismo orden de ideas, Joan Magretta, exeditora de la revista *Harvard Business Review*, no tiene reparo en admitir que gran parte de lo que conforma la disciplina del *management* proviene de lo que en la práctica se corrobora que funciona y lo que no, por lo que incluso muchos de los *managers* más prominentes y efectivos del mundo han sido autodidactos.[1]

Si tomamos por ciertas sin más las afirmaciones anteriores, ¿qué sentido tendría entonces el surgimiento del *management* como disciplina y campo de estudio a mediados del siglo XIX? Dicho de otro modo, ¿qué sentido tiene la creación del *management* como "ciencia",[2] si muchos de los directores más exitosos no necesitaron acudir a una escuela especial para aprender este arte? La clave de la respuesta puede encontrarse nuevamente con ayuda de la filosofía aristotélica, concretamente de ciertas ideas contenidas en la *Metafísica* donde, a propósito del análisis del proceso cognoscitivo por el que asciende el hombre hasta llegar al conocimiento de las últimas causas y primeros principios del ser, se explica la relación fructífera y bidireccional entre teoría y experiencia.

Ahí Aristóteles distingue varios niveles o grados de conocimiento; el primero y más básico está constituido por la información proveniente de los sentidos. El *conocimiento sensible*, canal por el que comienza nuestro acceso a la realidad, deriva directamente de la sensación y es un tipo de conocimiento inmediato y fugaz, que desaparece con el estímulo que lo ha

---

1   Cfr. Joan Magretta, *What Management Is*, Nueva York, The Free Press, 2002, p. 8.

2   Más adelante se especificará en qué sentido entendemos el término "ciencia", y con qué sentido se puede afirmar que existe "la ciencia del *management*".

generado. Agrupa a toda aquella información que podemos percibir por los sentidos: el rojo de la rosa, captado por la vista, el olor de un perfume, disfrutado por el olfato, o el sabor del vino, saboreado por el gusto, son ejemplos de este tipo de conocimiento que es común tanto a seres humanos como a todos los animales, cada uno según su nivel y capacidades sensitivas. En cambio, sólo los animales superiores, entre ellos los seres humanos, son capaces de retener esta información gracias a la memoria, la cual, al acopiar y agrupar imágenes sensitivas semejantes, es capaz de dar lugar a la experiencia (*empeiría*): "Pues bien, los animales tienen por naturaleza sensación, y a partir de ésta en algunos de ellos no se genera la memoria, mientras que en otros sí que se genera, y por eso estos últimos son más inteligentes y más capaces de aprender que los que no pueden recordar".[3]

La experiencia es el resultado de la concurrencia de muchos recuerdos de la misma clase de objeto, algo así como una *regla de carácter práctico* que permite actuar de modo semejante ante situaciones particulares semejantes. Sin embargo, la experiencia es limitada, porque sólo proporciona un conocimiento concreto sobre un ámbito restringido de la realidad, sin un dominio del porqué, es decir, de las causas o razones de las regularidades guardadas en el recuerdo mediante el acopio de distintas experiencias similares. Quien posee únicamente experiencia sabe que un determinado remedio es conveniente para ciertos males, de modo que si alguien tiene la misma enfermedad que Calias y Sócrates, probablemente le hará bien el mismo remedio que le sirvió a Calias y a Sócrates. Pero la experiencia no proporciona por sí misma el porqué, es decir, las causas o razones que explican que determinados remedios sean los más apropiados. La abuela puede saber por experiencia que el té de manzanilla tiene propiedades curativas para el malestar estomacal, sin conocer cuáles son esas propiedades en lo absoluto ni cómo interactúan con la fisiología del sistema digestivo en concreto; de igual modo, el albañil puede saber por experiencia cómo entrecruzar los ladrillos de la construcción para garantizar su solidez, sin saber nada sobre física. Así, la inferencia basada en la experiencia va de *algunos*

---

3   Aristóteles, *Metafísica*, I, 1, 980b 20-23.

casos particulares recordados a *algún* otro caso particular similar, sin que llegue a establecerse explícitamente una regla general (*kathólu*) aplicable universalmente.[4]

De ahí que, más allá de la *experiencia,* Aristóteles distinga un tercer nivel de conocimiento, aún más elevado, que sobrepasa el nivel del "qué" para adentrarse en el "porqué: se trata de la técnica (*techné*), también traducida como "arte", que encuentra en el entendimiento y no en los sentidos su fuente y condición de posibilidad, y mediante la cual se puede inquirir en las causas de las cosas en función de la operación. Este saber surge necesariamente de la experiencia, pero en la medida en que es capaz de explicar la causa de lo que sucede, la trasciende, por lo que se constituye en verdadero conocimiento.

> Pero no es menos cierto que pensamos que el saber y el conocer se dan más bien en el arte que en la experiencia y tenemos por más sabios a los hombres de arte que a los de experiencia, como que la sabiduría acompaña a cada uno en mayor grado según "el nivel de" su saber. Y esto porque unos saben la causa y los otros no.[5]

En la *Metafísica* se distinguen al menos dos saberes que proceden por el conocimiento de causas: el arte (*techné*) y la ciencia (*episteme*), de los que ya se había hecho mención en el capítulo 2.2 de este libro. Sin embargo, mientras en la *Ética nicomáquea* son distinguidos exhaustivamente, en la *Metafísica* Aristóteles parece equivalerlos para resaltar lo que tienen de común frente a la mera experiencia, a saber, la universalidad de la regla y el conocimiento de las causas. Tanto la *techné* como la *episteme* son saberes basados en el conocimiento de lo que el filósofo denomina "causas próximas", es decir, de las razones inmediatas de aquello que es. La distinción radica en que la *ciencia* no está limitada en sus intereses hacia la obtención de un fin productivo ulterior como es el caso del *arte*, sino que se queda en

---

4   Cfr. Tomás Calvo Martínez, "nota 2" en Aristóteles, *Metafísica*, Gredos, Madrid, 2003.

5   Cfr. Aristóteles, *Metafísica*, I, 1, 981a 25-30.

la mera *práxis* en tanto que su razón de ser se encuentra en el deseo mismo de conocimiento y no en la producción de algún resultado como la *techné*. Por tanto, se trata de uno de los niveles de conocimiento fundamental para el ser humano,[6] únicamente superado por la filosofía, dedicada a la contemplación de las causas últimas o principales de todas las cosas.

Mientras el punto de partida del conocimiento lo constituyen la sensación y la experiencia mediante las cuales nos ponemos en contacto con la realidad de las sustancias concretas, su culminación, para el caso del ser humano, es obra del entendimiento y consiste en el conocimiento de la realidad por sus causas y principios entre los que se encuentra la causa formal, la esencia. Al igual que para Platón, para Aristóteles conocer, propiamente hablando, supone estar en condiciones de dar cuenta de la esencia del objeto conocido. De ahí que el conocimiento lo sea propiamente de lo universal, de la forma (o de la idea). El conocimiento de la esencia es de lo universal, de aquello que es común a todas las cosas que la comparten, y ello es precisamente lo que permite extender el conocimiento hacia casos no conocidos. Aunque para Aristóteles la forma no es una entidad subsistente, sino que se encuentra en la sustancia compuesta, por lo que es absolutamente necesario, para poder captar la forma, haber captado previamente, mediante la sensibilidad, la sustancia concreta con su materia y forma.

La relación entre experiencia de un lado, y ciencia y arte de otro, es en cierto modo bidireccional, en tanto que se trata de conocimientos que se implican mutuamente, pero por razones distintas, y según un orden de precedencia. Por una parte, aunque parece que la experiencia no difiere del arte, sino que es relativamente semejante a él, de manera que incluso ambos conocimientos tienden a ser confundidos por la mayoría de la gente, lo que haría suponer que la mera experiencia basta, al menos para desenvolverse en la vida práctica, el hecho es "que la ciencia y el arte resultan de la experiencia".[7] Por el otro, y paradójicamente, "los hombres de experiencia tienen

---

6   Cfr. David Ross, *Aristotle*, Methuen, Londres, 1971, p. 154; ver Aristóteles, *Analíticos Posteriores*, II, 19, 99b32-100a 10.

7   Aristóteles, *Metafísica*, I, 1, 981a 1.

más éxito, incluso, que los que poseen la teoría",[8] donde parece reafirmar lo que comentamos antes aseguran tanto Peter Drucker como Joan Magretta: el avance del *management* se ha dado más por las aportaciones de los grandes directores que de los prominentes teóricos. De acuerdo con Aristóteles:

> La razón está en que la experiencia es el conocimiento de cada caso individual, mientras que el arte lo es de lo general, y las acciones y producciones todas se refieren a lo individual: desde luego, el médico no cura a un hombre, a no ser accidentalmente, sino a Calias, a Sócrates o cualquier otro de los que de este modo se nombran, al cual sucede accidentalmente que es hombre.[9]

De modo que, aunque se posea la teoría sobre alguna cuestión, si se carece de experiencia y se conociera lo general, pero se desconociera al individuo contenido en ello, "errará muchas veces en la cura, ya que lo que se trata de curar es el individuo".[10] Pero esto no significa, dice Aristóteles, que por ello la *experiencia* deba estar por encima de la teoría (entiéndase la ciencia o el arte), pues, como ya dijimos, "tenemos por más sabios a los hombres de arte que a los de experiencia, como que la sabiduría acompaña a cada uno en mayor grado según 'el nivel de' su saber".[11] Por eso, continúa el estagirita, aun a pesar de que los que poseen la experiencia son más exitosos, "los que dirigen la obra son más dignos de estima y son más sabios que los obreros manuales porque saben las causas de lo que se está haciendo [...] Con

---

8   *Ibid.*, I, 1, 981a 12-15.

9   *Ibid.*, I, 1, 981a 15-20. Esa expresión según la cual a Sócrates o a Calias "le sucede accidentalmente que es hombre" (*hôi symbébēken anthrôpōi eînai*) no debe ser sacada de contexto ni interpretada en un sentido estricto. En general, la fórmula *katà symbebēkos* (accidentalmente) se opone a la fórmula *kath'autó* (por sí). De acuerdo con el sentido de esta oposición, Calias (y cualquier individuo humano) no es hombre accidentalmente, sino que lo es por sí, ya que su ser consiste en ser-hombre. (Para el sentido de estas fórmulas y su oposición cfr. *Metafísica* V, 18, 1022a 24 y ss. Y también, *Analíticos Posteriores*, I, 4, 73b 34ss.) Lo que Aristóteles quiere subrayar aquí (y en esta explicación sigo a Ross, I, *op cit.*, p. 118) es que la ciencia se ocupa *directamente* de lo universal (del "hombre") *y sólo directamente* del individuo (del hombre concreto, Sócrates o Calias). Cfr. Tomás Calvo, *op. cit.*, nota 4.

10   *Ibid.*, I, 1, 981a 25.

11   *Ibid.*, I, 1, 981a 29.

que no se considera que aquellos son más sabios por su capacidad práctica, sino porque poseen la teoría y conocen las causas".[12]

De regreso a nuestro ejemplo inicial, el médico, quien posee la técnica y la ciencia de la medicina, está más capacitado para cuidar diversos tipos de afecciones estomacales y de otros tipos, que la abuela, que sólo sabe por experiencia que el té de manzanilla desinflama el estómago aunque, ciertamente, el médico también necesita acumular experiencia para dar sentido y perfeccionar su teoría para saberla adecuar a cada caso particular según lo amerite; de igual modo, el arquitecto o el ingeniero poseen los fundamentos físicos que sustentan determinadas técnicas de construcción, los cuales le permiten no sólo garantizar la estabilidad de edificaciones tradicionalmente probadas, sino incluso realizarar estilos arquitectónicos completamente innovadores.

En esta coyuntura cabe cuestionarse por la naturaleza del *management* como disciplina, ¿es éste sólo el resultado de la suma de *experiencias*, reglas de acción acumuladas a lo largo del tiempo, o constituye un conocimiento por causas a partir de las cuales pueden establecerse criterios generales de acción o parámetros comunes para proceder que incluso pueden extenderse a casos no conocidos o no previstos, y constituirse en auténtico conocimiento? Y si es el caso de que es verdadero conocimiento, ¿lo es al modo del arte, o al modo de la ciencia?

Como quedó de manifiesto páginas atrás, la empresa, desde un punto de vista muy originario, es tan antigua como el momento mismo en que el hombre comenzó a organizarse para trabajar, tiempo suficiente que le ha permitido acumular múltiples experiencias sobre la forma de producir diversas cosas, proporcionar innumerables servicios y dirigir personas en distintos ámbitos, que sin duda se han transmitido de generación en generación. En efecto, así nos lo dice el historiador del *pensamiento administrativo y directivo* George Claude, para quien "el *management*, a pesar de su importancia para el hombre, es una de las más ubicuas y difusas funciones en todas las sociedades. Se encuentra en los hogares, iglesias, gobiernos

---

12 *Ibid.*, I, 1, 981b 1-7.

y empresas económicas de todos los pueblos. Es, y siempre ha sido, una poderosa herramienta de cualquier líder. De hecho, todos los líderes verdaderamente importantes de la historia fueron administradores, ya sea administrando países, conduciendo exploraciones y guerras, y manejando, en fin, las empresas de otros".[13] De lo contrario, hubiese sido imposible, por ejemplo, que la raza humana pasara del nomadismo al sedentarismo, el cual se dio no sólo gracias a la observación y explotación de los ciclos de la tierra y la cosecha –y la consecuente transmisión dirigida de los resultados de dichas observaciones–, aunque no se supiese a profundidad sus causas últimas, sino también a la organización de estos conocimientos por parte de un líder, quien supo administrarlos de manera tal que sirvieran para satisfacer las necesidades de toda una comunidad.

Aunque el *management* como práctica siempre ha existido, porque siempre ha sido necesario, sólo hasta hace dos siglos comenzó una preocupación que podríamos calificar como "especulativa" o teórica por el modo en que su aplicación podría llevarse a cabo de la mejor forma posible más allá del ámbito político, donde numerosas reflexiones sobre el liderazgo ya tenían un buen trecho del camino andado. El auge del capitalismo reclamaría también la necesidad de reflexionar sobre la dirección de la empresa lucrativa, sometida a sus propias peculiaridades e intereses. Ello explica que la teoría sobre el *management* no se desarrollara propiamente sino hasta mediados del siglo xix, cuando se escribieron los primeros libros de administración o, mejor dicho, de organización industrial, tal como se le nombró en ese momento a esta disciplina en las escuelas preocupadas por desarrollar el tema. Y no es para menos, pues las circunstancias así lo exigían. Efectivamente, la nueva era industrial protagonizada por Estados Unidos a consecuencia de la expansión de las industrias mecánicas y de la abolición de la esclavitud perfiló la forma moderna del capital, que reclamaba la separación entre el capitalista y el empleado y, por ende, la división entre la tarea de aportar el capital y la administración y dirección. Además, las empresas

---

13 Cfr. Claude S. George y Lourdes Álvarez, *Historia del pensamiento administrativo*, 2ª ed., México, Pearson Prentice Hall, 2005, p. 1.

industriales, sobre todo la empresa de ferrocarriles, crecieron considerablemente de tamaño, con lo que aumentaron su complejidad. Ello obligó a los *managers* de estos complejos industriales a buscar nuevas soluciones. Entre ellas se cuentan la creación de foros para la discusión de los nuevos problemas a los que tenían que hacer frente, así como la organización de conferencias ante asociaciones diversas, tales como la Sociedad Americana de Ingenieros Mecánicos. Surgieron así las primeras publicaciones verdaderamente administrativas que, aunque escasas, pronto darían lugar a la administración como un campo delimitado de estudio, que tuvo en la llamada *administración científica*[14] una de sus más originarias corrientes, y a Frederick Taylor y Henri Fayol a dos de sus más ilustres representantes, entre muchos otros.

Estos nuevos desarrollos implicaron que la práctica administrativa cambiara paulatinamente de ser un conocimiento casual y regido por reglas empíricas, a análisis parciales sobre diversos temas (procesos, técnicas de producción, sistemas de incentivos y salarios, etc.) que poco a poco fueron integrándose hasta finalmente convertirse en un concepto, aún algo nebuloso, de un sistema completo de conocimientos que versaban sobre la actividad económica del hombre. Al administrador se le empezó a reconocer como una persona de estima, y el tema de los principios administrativos pronto pasó de la industria al aula.[15] A partir de entonces el *management* ha continuado madurando, con un desarrollo cada vez más complejo y especializado.[16] Lo anterior nos deja de manifiesto que, en el caso concreto del *management*, al igual que otras muchas disciplinas como bien lo identificó Aristóteles, la experiencia, entendida como la acumulación interna de los resultados obtenidos por acciones anteriores[17] precedió a la teoría, una teoría necesaria que hasta el día de hoy continúa forjándose en distintas

---

14   Cfr. Claude S. George, *op. cit.*, pp. 71-73.

15   Cfr. *Ibid.*, p. 77.

16   Cfr. Joan Magretta, *op. cit.*, p. 2.

17   Cfr. Carlos Llano, *Análisis*, p. 155.

universidades y centros de investigación, y que permite que el *management* se lleve a cabo de mejor manera.

4.2. El *management*: ¿arte o ciencia?

Así las cosas, es posible afirmar que el *management* constituye verdadero y auténtico conocimiento. Su cultivo proviene de la práctica cotidiana, de la *experiencia* de algunos de los mejores directores y administradores que, a lo largo de los dos últimos siglos ha sido acumulada, deliberada, organizada y discutida en distintos foros y en diversos niveles, por una enorme multitud de especialistas y finalmente enseñada a otros cuyo interés se centra en la misma área de trabajo. Sin embargo, aún falta dirimir si el *management* se trata de una ciencia o de un arte, de acuerdo con la clasificación aristotélica hecha en la *Ética nicomáquea*.

Tanto la *episteme* como la *techné* son saberes que aportan verdadero conocimiento, por inquirir en la causa, aunque difieren en su uso. Aunque ambos son hábitos intelectuales que perfeccionan tipos distintos de saberes, el primero razona sobre aquello que no puede ser de otra manera, mientras que el segundo es virtud de la razón práctica que delibera sobre aquello que es incierto y cambiante. El *management* tiene, hasta cierto punto, algo de científico, pues el director general debe contar, por ejemplo, con conocimientos de ciencias tales como la psicología o el derecho.[18] Lo cierto es que, al tener como objeto de estudio la administración y dirección de organizaciones –que en última instancia supone la administración y dirección de personas–, su objeto de estudio es aquello que puede ser de otra manera, es decir, lo contingente. Dado el carácter a veces imprevisible y complejo de la interacción humana, el *management* no puede generar una ciencia exacta al modo de las matemáticas o la física, pues estudia hechos que no se pueden reproducir y verificar sino eventos únicos ante los que se debe estar preparado, ya sea para generarlos, llevar a la realidad, del mejor modo

---

18   Cfr. Carlos Llano, *La enseñanza de la dirección y el método del caso*, IPADE, México, 1996, p. 22.

posible, los propios proyectos, o bien, para enfrentarlos y resolverlos cuando se presentan como problemas. Carlos Llano, versado conocedor tanto de materias prácticas como teóricas, nos dice que la prudencia es la capacidad que se tiene para emitir un juicio acertado sobre lo que ha de hacerse aquí y ahora, en el momento,[19] lo que implica, necesariamente, cierta dosis de incertidumbre. Este estado de cosas es el propio de la empresa.

> En las decisiones directivas, esencialmente referidas a lo factual, falto por sí de necesidad y no existente aún (oportunidad de acción futura), no encontraremos nunca la seguridad que se hospeda en la conclusión de un raciocinio teorético. Ésta es la raíz del callejón sin salida de la *dirección científica*. No puede haber una *dirección científica*, aunque, por el contrario, deba elaborarse una *ciencia de la dirección*.[20]

De este modo, es posible afirmar que el *management* es una especie de ciencia, pero ciencia práctica, que en el léxico aristotélico del primer libro de la *Metafísica* debe entenderse como arte. Como un arte que versa sobre la dirección de cosas, pero sobre todo de personas, y que para su aplicación necesita tanto de conocimientos teóricos como prudenciales.

El *management* versa sobre la acción intrínsecamente práctica, cuyo dinamismo es por completo rebasado por la estructura del método científico, propio de las disciplinas eminentemente teóricas. Ello nos inclina a afirmar que se trata de un modo de ser racional propio de la *techné* más que de la *episteme*. Pero, por otra parte, también es preciso decir que se trata de un conocimiento que implica acciones que no son exclusivamente técnicas, por cuanto que la dirección no recae sobre cosas sino, en última instancia, sobre personas. Es ahí donde encontramos su talante ético. Por ello, nos atrevemos a afirmar que el *management* tiene algo de científico, es decir, su desarrollo involucra efectivamente cierta *episteme*, pero sobre todo es un arte, según el sentido general expresado en el primer capítulo del libro de

---

19 Cfr. *Ibid.*, p. 96.

20 Carlos Llano, *Análisis*, p. 165.

la *Metafísica*. Un arte que involucra no sólo la virtud intelectual de la *techné*, sino también de la *phrónesis*, y que da lugar a actividades *productivas* y también, y quizá primordialmente, *prácticas*.

Únicamente con reglas generales, que tienen su cumplimiento en todos los casos o en el mayor número de ellos, no es posible dirigir u orientar nuestra acción. Lo anterior justifica, para Carlos Llano, que la acción directiva no sea la consecuencia de un saber científico. El mero saber de la ciencia no capacita por sí solo para la dirección. Es más, incluso a veces es un obstáculo como lo prueba la vida personal de más de un científico. En cambio, lo cierto es que quienes han decidido formarse en las diversas actividades del *management* necesitan cierta educación, ciertos conocimientos: conocimientos que le permiten hacer. En otras palabras, se trata de un saber hacer. Hacer que recae sobre objetos tangibles o intangibles –como un servicio–, pero también, como ya dijimos, sobre personas. Por tanto, aquellos que se dedican al *management* necesitan de un conocimiento científico, sobre todo técnico y prudencial, es decir, el que se refiere a las cosas que varían, que pueden ser de otro modo, que pueden ser mañana distintas de lo que son hoy. En este sentido puede afirmarse que el *management* constituye verdadero conocimiento, y más aún, que ese conocimiento es más arte que ciencia, aunque entendiendo por arte tanto a los conocimientos técnicos como al saber prudencial.

Así, llegamos a la conclusión de que el *management* no es sólo un cúmulo de experiencias, sino un conocimiento auténtico, que constituye un arte, o lo que es lo mismo, una ciencia, pero de carácter práctico. La distinción anterior se explica mejor si se atiende al modo de proceder de las ciencias prácticas (*prâxis* y *techné*), por contraposición a las ciencias teóricas, tomando como modelo a la ética en cuanto ciencia. De ésta, en su *Comentario a la Ética a Nicómaco*, Tomás de Aquino nos dice:

Y para que sepamos en qué orden se debe proceder en cualquier materia, ha de considerarse que corresponde comenzar por lo más conocido, porque por lo más conocido llegamos a lo desconocido. Pero algunas cosas pueden ser más conocidas de dos maneras. Una, para nosotros, como las cosas compuestas y sensibles. Otra, absolutamente y según su naturaleza, como las cosas simples e inteligibles. Y porque nosotros adquirimos conocimientos razonando, es conveniente que procedamos a partir de lo más conocido para nosotros. Y si una misma cosa es más conocida tanto para nosotros como absolutamente, entonces la razón procede a partir de los principios, como en las matemáticas. Pero si unas son más conocidas absolutamente y otras en cambio para nosotros, entonces corresponde proceder inversamente, como en las cosas naturales y en las morales.[21]

De acuerdo con Aristóteles, la ética, ciencia práctica por antonomasia, difiere de las ciencias exactas porque no parte de primeros principios para ir deduciendo conclusiones sino al revés: comienza por lo que le resulta más familiar al hombre –es decir, comienza por los hechos cotidianos–, para, a través de ellos, buscar sus razones fundamentales. Mientras que el género-sujeto de las matemáticas, por ejemplo, son unos primeros principios obtenidos mediante una abstracción de los datos sensibles –por lo que las matemáticas consisten en deducir conclusiones a partir de dichos principios–, en el caso de los "primeros principios" que puedan regir la ética,[22] aunque también se encuentren inmersos en la conducta de los hombres, resultan mucho más difícil de ser extraídos. En su caso, se requiere de dos condiciones: en primer lugar, que se acepten –o al menos se tomen en cuenta– las opiniones generales sobre temas morales en las cuales se haya crecido, que representen la sabiduría colectiva; es decir, los *endoxa*. Y en segundo lugar, que se haga una investigación en la cual todas estas creencias sean examinadas, comparadas entre sí, purgadas de sus inconsistencias e inexactitudes, para que puedan sostener verdades mucho más inteligibles en sí mismas, que resulten más universales. Así lo propone el mismo Aristóteles cuando sobre el tema de la felicidad, tratado en el libro I de su *Ética*, nos dice:

---

21   Santo Tomás de Aquino, *Comentario a la Ética a Nicómaco de Aristóteles*, Libro I, lección IV, núm. 52.

22   Sobre la existencia de unos *primeros principios* en la ética cfr. David Ross, *op. cit.*, p. 189.

Pero sobre lo que es la felicidad discuten y no lo explican del mismo modo el vulgo y los sabios. Pues unos creen que es alguna de las cosas tangibles y manifiestas como el placer o la riqueza, o los honores; otros, otra cosa; muchas veces, incluso una misma persona opina cosas distintas: si está enferma, piensa que la felicidad es la salud; si es pobre, la riqueza; los que tienen conciencia de su ignorancia admiran a los que dicen algo grande y que está por encima de ellos. Pero algunos creen que, aparte de toda esta multitud de bienes, existe otro bien en sí y que es la causa de que todos aquéllos sean bienes. Pero quizá es inútil examinar a fondo todas las opiniones, y basta con examinar las predominantes o que parecen tener alguna razón.[23]

Nos parece que la forma de proceder anteriormente expuesta también es válida para las distintas teorías del *management*. Éste, en cuanto que está intrínsecamente relacionado con las acciones del hombre, es decir, con el ejercicio de la prudencia que sabe aplicar la medida adecuada para cada caso y con el gobierno de una empresa, también está vinculado con la ética y la política y, por lo tanto, también constituye una clase de "ciencia práctica" o, dicho con propiedad, un "arte" según los parámetros aristotélicos.

A diferencia de otras profesiones, nos dice Magretta, el *management* no requiere de una licencia previa para su ejercicio. Al contrario, aprender a dirigir y guiar requiere una experiencia que precede a cualquier entrenamiento propiamente formal. La Harvard Business School, por ejemplo, requiere que sus estudiantes hayan trabajado antes de ser considerados para su programa de MBA (Master in Business Administration), pues la teoría enseñada es más fácilmente susceptible de ser enriquecida y asimilada por la práctica previa;[24] de la misma forma el Instituto Panamericano de Alta Dirección de Empresa (IPADE) de nuestro país, México, solicita a sus aspirantes contar con un mínimo de experiencia laboral con el fin de aprovechar mejor los conocimientos que serán aprendidos en su máster. De esta manera,

---

23   Aristóteles, *Ética nicomáquea*, I, 4, 1095a 20-30.
24   Cfr. Joan Magretta, *op. cit.*, p. 3.

podemos afirmar que en este caso los *endoxa* de los que parte la propia formación de su teoría son las mismas prácticas cotidianas, las experiencias que después de ser analizadas, examinadas y comparadas entre sí, van constituyendo distintos criterios para orientar la acción mediante los cuales se desea mejorar el arte o la ciencia práctica que tendrá como misión una mejor conducción de la empresa.

4.3. El arte del *management* y la antropología filosófica

Sin embargo, así como a lo largo de la historia del pensamiento occidental nos topamos con tradiciones distintas, por no decir contrapuestas, sobre el sentido y fin de la acción humana y sobre los criterios para definir su moralidad, dependientes a su vez de ciertos presupuestos antropológicos desde los cuales se asume una idea, explícita o no, sobre la naturaleza humana y sus nociones fundamentales,[25] también en el caso del *management* en cuanto disciplina, podemos encontrar disparidades en torno a lo que es considerado como "las mejores prácticas" o hasta divergencias –e incluso antagonismos– en los presupuestos más fundamentales que se encuentran en el cimiento de cada una de esas teorías. Prueba de ello son los tres paradigmas surgidos en el siglo XX para explicar el funcionamiento de las empresas, identificados por Juan Antonio Pérez López y mencionados en el apartado 1.3 de este trabajo, a saber, los modelos mecanicistas, los psicosociológicos y los antropológicos.

A propósito de esta variabilidad, Carlos Llano considera que uno de los mayores errores de las distintas teorías de *management* que comenzaron

---

25 Carlos Llano hace mención de varios de estos "modelos antropológicos", los cuales son calificados como "posmodernos". Entre ellos se encuentran el materialismo, cuyo inspirador paradigmático fue Carlos Marx; el psicoanálisis, de Sigmund Freud; el evolucionismo como paradigma de explicación cuya figura emblemática sigue siendo Charles Darwin; el concepto de "superhombre" nitzcheano; el conductismo, de Watson y Skinner; el hedonismo, de Herbert Marcuse, y agregaríamos nosotros el utilitarismo, y la ética deontológica kantiana (aunque claro, estos últimos no los calificamos de "posmodernos", sino quizá, de "ilustrados". Cfr. Carlos Llano, *Dilemas éticos de la empresa*, México, Fondo de Cultura Económica, 1997, pp. 26 y ss.

a surgir a finales del siglo XIX y principios del XX consistió en partir del supuesto según el cual todo progreso implicaba una destrucción sistemática del pasado. Esta afirmación, elevada al grado de axioma, provocó que muchas de las innovaciones propuestas como parte de la naciente teoría del *management* se sucedieran unas a otras en demérito de cualquier reflexión antropológica cronológicamente anterior. Pero, al desdeñar o simplemente ignorar conocimientos provenientes de otras disciplinas tan disímbolas como necesarias, tales como la antropología filosófica, la ciencia política o incluso la teología, muchos teóricos de la administración y dirección perdieron la oportunidad de fortalecer sus propias observaciones con reflexiones provenientes del punto de vista de grandes autores clásicos que enarbolan verdades universales y perennes.

Lo anterior dio como resultado que, salvo contadas excepciones, en general se diera la espalda a los profundos estudios clásicos sobre las relaciones humanas.[26]

> Las relaciones industriales parecen algo creado *ex novo*, como si todos los pensadores de Occidente no hubieran profundizado en el hombre hasta niveles que hoy todavía ni siquiera sospechamos.... por ejemplo, tenemos la seguridad de que ningún licenciado de relaciones humanas que se precie de ser moderno, tiene conocimiento de los *Moralia*, de Gregorio Magno, quien, agudamente, nos dice en ese importante tratado, que cuando un ser humano observa prolongadamente el ejercicio de la virtud en una persona que le es operativa y afectivamente próxima, se le facilita de modo insospechado la propia vivencia de la misma virtud, especialmente si es el destinatario directamente beneficiado por ella.[27]

La importancia de asumir supuestos antropológicos verdaderos como punto de partida para elaborar teorías de *management*, que a su vez

---

26 Cfr. Carlos Llano, *Humildad*, p. 107.

27 *Ibid.*, p. 107.

influirán implícita, pero efectivamente, en muchas de las que se consideren las "mejores prácticas" o los mejores métodos de acción, para tales o cuales situaciones determinadas, es tan grande como el modo en que distintas concepciones antropológicas dan lugar a distintos modos de entender los fines de la ética o de la misma filosofía política. Así, no es lo mismo partir del supuesto aristotélico, o mejor dicho tomista, de que el hombre es un "animal social por naturaleza", que de la popular tesis hobbesiana según la cual *el hombre es un lobo para el hombre.*[28] O resulta muy diferente fundamentar la ética en la idea de felicidad/*eudaimonía*, que en la idea de deber kantiana. Más aún, así como la dirección de la propia vida toma un rumbo distinto cuando aquello a lo que se aspira es la vida virtuosa como felicidad que cuando se aspira meramente al placer o posesión de bienes materiales, también la empresa toma carices distintos, e incluso antagónicos, cuando se asume que todos sus integrantes poseen innumerables capacidades que pueden ser llevadas a su máxima expresión que, cuando se asume sin más, que el desarrollo de dichas potencialidades es irrelevante o peor aún, imposible.

Por ello, la reflexión y el análisis necesarios para elaborar determinadas teorías sobre el *management* no pueden limitarse únicamente a cuestiones de carácter "procedimental", sino también a aquéllas de índole fundamental. La discusión sobre la empresa no puede orbitar únicamente en temas de índole económico, estructural u organizacional. Hace falta también reflexionar sobre el concepto de hombre del cual se está partiendo

---

28 Decimos que la expresión "animal social" es más propiamente tomista, porque la definición de Aristóteles es más bien la de "animal político". La causa de la transformación de ambos adjetivos –que en cierta forma refieren a lo mismo, razón por la cual los hemos tomado como iguales–, nos la explica Hannah Arendt: "Esta relación especial entre acción y estar juntos parece justificar plenamente la primitiva traducción del *zoōn politikón* aristotélico por *animal socialis*, que ya se encuentra en Séneca, y que luego se convirtió en la traducción modelo a través de santo Tomás: *homo est naturaliter politicus, id est socialis* ('el hombre es político por naturaleza, esto es, social') [...] esta inconsciente sustitución de lo social por lo político [sic] revela hasta qué punto se había perdido el original concepto griego sobre la política. La palabra social es de origen romano y no tiene un referente griego]. [...] el uso latino de la palabra *societas* también tuvo en un principio un claro, aunque limitado, significado político; indicaba una alianza entre el pueblo para un propósito concreto... Sólo con el posterior concepto de una *societas generis humani* (sociedad de género humano), 'social' comienza a adquirir el significado general de condición humana fundamental". Hannah Arendt, *La condición*, p. 37.

como principio de articulación para toda la organización. Y a su vez, no será posible obtener criterios fundamentales sobre una de las acciones antonomásticas del hombre –la acción directiva–, cuyos destinatarios son precisamente también otros hombres, si no se parte de un concepto de hombre con pretensiones y seguridades de verdadero.[29]

La acción de los hombres en la empresa ha de estudiarse partiendo del concepto más profundo de ser humano –el cual nos proporciona legítimamente la filosofía–, tanto porque sólo es el hombre el que dirige –es tarea propia y estrictamente humana– como porque son las personas, y no las cosas ni los materiales, los destinatarios directos e inmediatos de esa dirección. La correcta comprensión del concepto de ser humano tendrá a su vez nuevas consecuencias prácticas positivas para la organización, pues únicamente "en los buenos lugares de trabajo las personas sienten que son tratadas como seres humanos".[30]

En este orden de ideas, la posibilidad de generar *valor humano agregado* cobra sentido cuando tomamos en cuenta la inteligencia y reflexión que se requiere poner en práctica para incluir este tipo de cuestiones como parte fundamental del quehacer empresarial. Reflexionar cuáles son "las mejores prácticas" que deben seguir los directores de una empresa para obtener mejores resultados. O más importante aún, indagar y reflexionar en los presupuestos filosóficos y antropológicos a partir de los cuales funcionan los intereses y motivaciones que guían las acciones humanas, involucra necesariamente el uso de la inteligencia, en sus dimensiones práctica y especulativa. Generar y aplicar teorías de *management* y no sólo dejarse llevar por la experiencia de los directores o administradores que se encuentren más a la mano supone, de una manera u otra, el ejercicio de las facultades más propias de la persona y no únicamente la mimetización con los hechos de otros.

Una de las áreas donde puede verse con mayor claridad la creación de VHA en este sentido es en el ámbito académico. Precisamente, en las escuelas de negocios encontramos el mayor interés por desarrollar nuevas

---

29 Carlos Llano, *Humildad*, p. 293.

30 Robert Levering, *A Great*, p. 172.

teorías que den razón de los acontecimientos, de los éxitos y fracasos que se van sucediendo continuamente en la vida diaria de las empresas y de las grandes organizaciones. El papel del académico consiste entonces en hacer que esas experiencias se conviertan en teorías, en modelos, es decir, en sistemas comprensibles –y de ahí aprovechables–, por quienes dirigen o participan en una empresa.

En coincidencia con Aristóteles, pensamos que también en el ámbito del *management* la capacidad de enseñar "es una señal distintiva del que sabe frente al que no sabe, por lo cual pensamos que el arte es más ciencia que la experiencia: 'los que poseen aquél' son capaces, mientras que los otros no son capaces de enseñar".[31] Los que poseen la ciencia y el arte, en este caso el del *management,* son capaces de enseñar, mientras que no lo harán quienes poseen sólo la experiencia. Quizá por ello los buenos profesores, ya sea de negocios o de alguna otra disciplina como el derecho o la medicina, no son necesariamente los mejores empresarios, abogados o médicos, aunque puedan entender y explicar lo que estos últimos hacen mejor que ellos mismos, y es que las capacidades para obrar o ejecutar son distintas de las necesarias para entender o enseñar.

Lo necesario es que quienes poseen experiencia sepan organizarla, para que su hacer no sólo se convierta –como ya dijimos– en un tipo de hábito que, por razón de la costumbre, haga más fácil la operación de dirigir, sino que la misma virtud intelectual contribuya a facilitar la operación, al demostrar cómo es ésta posible y cómo, y genere auténtico conocimiento. Pero un conocimiento de índole práctico, ordenado a la acción. Así es como Peter Drucker, gran gurú del *management*, desarrolló muchas de sus ideas a partir de sus observaciones sobre Sloane, y de esta manera Noel Tichy escribió su estudio "liderazgo transformador", basándose en sus observaciones del modo de dirigir de Jack Welch. En conformidad con lo que dice Aristóteles, pasar de un enfoque meramente experiencial a un esquema teórico, permite ordenarlo mejor; tener "una idea general", es decir, tener un saber por causas, que genere y transmita un aprendizaje útil para los demás.

---

31 Aristóteles, *Metafísica*, I, 1, 981b 6-10.

El ejercicio cotidiano del trabajo en la empresa y, sobre todo, de quien está relacionado con su dirección, genera una experiencia que tiene que ordenarse, unificarse y organizarse en marcos explicativos que desentrañen su funcionamiento en términos de causas y consecuencias; de motivaciones y resultados. Aunque sin lugar a dudas la experiencia es una herramienta imprescindible para la elaboración de cualquier ciencia práctica, la eficacia del *management* en tanto disciplina ha convertido la fuerza de trabajo de una mano de obra compuesta en gran parte por obreros no cualificados, en otra formada por trabajadores de conocimientos altamente capacitados y organizados. La cuestión acerca de qué fue primero –la explosión educacional de los últimos cien años o el *management* que dio a este "knowledge" un uso productivo– es discutible. En opinión de Drucker, el *management* moderno y la empresa moderna no podrían existir sin la base del conocimiento que las sociedades desarrolladas han edificado. Pero, igualmente, es el *management* y sólo él lo que hace que todo este "conocimiento" y que estas personas "con conocimiento" sean eficaces. La aparición del *management* ha convertido el conocimiento, desde un ornamento social y un lujo, en lo que ahora sabemos que es el verdadero capital de toda economía.

Somos conscientes de que la creación de *valor humano agregado* según esta perspectiva no se dará por igual para todos los miembros de la empresa, pues no todos participan o se interesan por igual en la disquisición de estas cuestiones. Incluso podría afirmarse que quienes en realidad "desarrollan su inteligencia" y ponen en juego su creatividad o su capacidad de análisis son unos cuantos profesores o investigadores que trabajan en universidades, institutos de negocios o revistas especializadas. Sin embargo, si se mira con cuidado, esto no parece ser del todo cierto, pues desde el obrero que después de varias observaciones desarrolla una nueva y mejor manera de resolver un problema técnico en su cadena productiva, o el personal que se dedica a fotocopiar documentos en una institución educativa encuentra un modo mucho más rápido y eficaz de hacerlo, hasta el director que decide escribir sus memorias sobre su experiencia al frente de cierta empresa transnacional para compartirlas con otros; se trata del interés que existe en cualquier ser humano por generar y compartir conocimiento. Por poner en juego todas sus capacidades y por construir teorías o al menos pequeñas reglas de acción que posteriormente puedan ser unificadas en teorías, que a su vez mejoren las prácticas ya existentes. Carlos Llano no lo puede decir de mejor manera:

> Hoy en día la empresa no puede dirigirse con procedimientos pensados para ignorantes, cuando los operarios del último nivel han cursado sus estudios primarios. La educación despierta la racionalidad, esto es, la imperiosa necesidad –la más imperiosa de las necesidades– de saber *por qué* se hacen las cosas, y el encomiable deseo de intervenir en las finalidades de los actos que se realizan.[32]

Cuanta mayor sea la relación del trabajo con el saber y el conocimiento, más se humanizará y liberará de su carga materialista y mejor se desarrollará la esencia de la economía y su carácter progresivo, ya que la economía avanza en la medida en que se aproxima y se adecua a la naturaleza de las personas.[33]

Al igual que en nuestras propuestas anteriores sobre creación de vha, el progreso de la mera experiencia hacia la teoría y sistematización del *management* no significa abandonar la importancia de la práctica cotidiana; por el contrario, ésta queda reasumida y superada gracias a la teoría, que es la dirección en la cual se avanza. Desde luego, lo que nos interesa en el presente estudio no es tanto una evaluación técnica de cuáles son las propuestas más eficaces o los procedimientos más fructíferos *per se* en el ámbito de la dirección de empresas; nuestro enfoque, en cambio, va dirigido hacia algo mucho más profundo: la empresa, y el trabajo que se hace en ella, ha generado la necesidad de desplegar la inteligencia de sus hombres y mujeres para construir mejores teorías o propuestas sobre su quehacer cotidiano que le permiten, a su vez, desempeñarse mejor. Y en este sentido pensamos que la empresa también crea *valor humano agregado*.

---

32 Carlos Llano, *Análisis*, p. 32.

33 Cfr. Leonardo Polo, *La vertiente humana*, p. 117.

Es necesario mostrar claramente cómo se articula este modo de creación de *valor humano agregado* con los otros dos que ya hemos expuesto anteriormente. Cualquier nuevo mecanismo, cualquier idea mejorada, cualquier innovación tecnológica o administrativa debe ser proveniente de las personas que laboran en la empresa. Generarse a partir de un presupuesto antropológico verdadero e íntegro, que en cierto modo ya ha sido apuntado en nuestras ideas anteriores: el punto de partida debe ser siempre la idea de ser humano capaz de múltiples potencialidades que reclaman ser llevadas a plenitud. La idea de un ser humano cuyas acciones cobran sentido cuando son vistas en relación con su fin último, que lo entiende a su vez, como bien último, a saber, la felicidad. La idea de un ser humano que es naturalmente social, y que necesita de otros tanto para vivir la virtud, en particular la justicia, como para lograr su propia autorrealización. En fin, la idea de un ser humano que encuentra su perfección en la virtud, como excelencia de su acción.

CAPÍTULO 5

Un modelo de evaluación

Tal como se aclaró en el prefacio de esta obra, el trabajo presentado apenas constituye la primera mitad de la tesis que presenté en el año 2012 para obtener el grado de doctor. En el escrito original, esta primera parte remataba con la modelización de los tres sentidos en los que se puede generar *valor humano agregado* en un plano tridimensional, donde cada criterio representaba un eje. El objetivo era evaluar diversas escuelas sobre *management* para, tras un análisis valorativo de sus principios, medirlas y calificarlas al ubicarlas en algún punto del plano tridimensional. A modo de corolario, incluyo el esquema con la consiguiente explicación de sus tres parámetros:

A) Eje uno. De *mecanicista* a *humanista*: *la empresa humana*

El contenido del primer parámetro o eje que conforma este modelo teórico está construido a partir de las·nociones aristotélicas de *poíesis* y *prâxis*, y tiene como propósito medir el desarrollo interno que puede proporcionar el trabajo. Como ya se argumentó, uno de los errores más graves de muchas empresas modernas es el de concebir el trabajo como mera *poíesis*, es decir, como mera producción cuya importancia radica exclusivamente en el objeto producido, sin considerar que toda actividad humana tiene, además de su carácter productivo, una dimensión de plenitud o *prácticá*, con efectos inmanentes al sujeto que la realiza. De esta manera, avanzar del extremo *mecanicista* hacia el extremo *humanista* no significa otra cosa que evidenciar la importancia que le da cada obra de *management* analizada al carácter *práctico*, y por lo tanto inmanente y perfectivo, de cualquier labor humana.

Asimismo, también se considerará progresivo cualquier movimiento en torno a la promoción de la directividad en todos los niveles de trabajo de la empresa, incluidos aquellos más operativos o, dicho de otro modo, que la propuesta de *management* también considere que todos sus miembros, y no sólo sus ejecutivos más altos, requieren desarrollar acciones eminentemente *prácticas*, como lo es el caso de cualquier virtud y el desarrollo de la propia creatividad.

El punto de inicio de este primer parámetro se ha denominado *mecanicista*, porque una visión del trabajo que se restringe a su carácter exclusivamente productivo tiene como consecuencia la reducción del ser humano en la empresa al papel de simple engranaje, que debe desempeñar eficientemente su función para el bien de un *sistema* puramente *mecánico*. Y la meta hacia la cual tiende este eje es el *humanismo*, pues en la medida en que se pueda retomar esta dimensión perfectiva del trabajo mediante las nociones de *prâxis* y *poíesis,* así como del reconocimiento de cierta actividad directiva –y por lo tanto *práctica*– de todos los miembros de una organización, se dará una verdadera revaloración del trabajo como actividad que brinde plenitud. Es decir, el punto al que se aspira llegar, a saber, el *humanismo*, debe comprenderse como un nuevo nivel de significación de la *poíesis* que permita abandonar una mera concepción *mecanicista* del trabajo en favor de su concepción *humanista*. A una perspectiva que se interese tanto por la calidad de los resultados externos realizados por una actividad determinada, como por las repercusiones inmanentes de carácter racional y moral que dicha actividad puede conllevar para su agente.

B) Eje dos. De la *eficacia* operativa a la *plenitud* en comunidad: *la empresa plena*

Si el primer eje está relacionado con el grado de perfeccionamiento interior e individual que puede proporcionar el trabajo dentro de una empresa, explicado mediante la noción de *prâxis*, este segundo eje vuelve a mirar hacia la autorrealización personal, pero ahora vista desde el conjunto; esta vez se estudia no a cada persona en particular, sino a la empresa en cuanto comunidad. En parte, nuestro propósito quedó explicado cuando hablamos de las diferencias entre la "racionalidad instrumental" o "técnica" y la "racionalidad teleológica". Vimos que, por un lado, el carácter que prima para la "racionalidad instrumental" es el de la *efectividad*: lo único que interesa es la implementación de los medios más eficientes para llegar a ciertos fines, –es decir, para ser eficaz– al margen de la valoración moral de éstos.

Por otra parte, la racionalidad teleológica "busca que la vida cotidiana adquiera un sentido y se oriente a la obtención de aquello que a la larga y más fundamentalmente nos interesa";[1] es decir, tiende hacia la *plenitud* o *autorrealización* humana, porque en este caso sí hay valoración de los fines a los cuales queremos tender. Ahora bien, dicha valoración, según Aristóteles, se realiza de acuerdo con la felicidad como meta, que sólo puede lograrse dentro de una comunidad mediante la vivencia de la virtud. La política aristotélica, como ciencia que se dedica a la dirección de la comunidad más perfecta, tiene como meta fijar las normas generales de acción que aseguren el bien de los ciudadanos y, en definitiva, de la ciudad, la cual, en última instancia, aspira al bien supremo, es decir, a la felicidad.[2] De esta manera, lo que se intenta explorar en este eje es el estudio de la empresa en cuanto comunidad, generadora de un *ethos* o *cultura empresarial* diseñado para conciliar los fines específicos de la empresa con el propósito final hacia el cual tiende todo ser humano. Alguien que necesita aprender y ser enseñado es

---

1 Alasdair MacIntyre, *Historia de la ética*, Barcelona, Paidós, 1991, p. 92.

2 "Pues bien, es evidente que el régimen mejor es esa organización bajo la cual cualquier ciudadano puede prosperar y vivir felizmente". Aristóteles, *Política*, VII, 2, 1324a 3.

preciso que se integre en una comunidad donde descubra y pueda llevar a cabo sus potenciales capacidades, a la vez que dote de sentido sus acciones de manera trascendente. Es decir, las virtudes *prácticas* o éticas solamente pueden ser llevadas a cabo dentro de una comunidad, porque el hombre es un *zoōn politikón*; la necesidad de completitud que tiene el hombre por medio de la *prâxis* sólo es posible con la comunidad.

El punto de partida de este eje lo constituye la *eficacia,* mientras que la meta a la que se aspira es la *plenitud.* Por supuesto, es imprescindible que la empresa busque la excelencia operativa que le permita alcanzar eficazmente los resultados específicos que le dan su razón de ser. Pero ello no es suficiente. Además de lo anterior –y es preciso recalcar el *además*– la empresa debe proponerse operar no como una máquina eficaz sino como una *comunidad* integrada. A ello se refiere el extremo titulado *plenitud* del segundo eje, según se muestra en la figura 5. Dicho de otro modo, el objetivo al que se aspira en este eje es que la obra por analizar presuponga dentro de sus planteamientos que la empresa sea una comunidad de personas que buscan su propia autorrealización, de modo que la empresa debe considerar dentro de sus estatutos las condiciones necesarias para que esta finalidad sea lograda en armonía con los fines que le son propios.

Por ello, al igual que en el primer eje, *la empresa humana*, la aspiración de una racionalidad teleológica que dé sentido a las acciones de la persona, en el caso de la empresa, no debe implicar la renuncia a una racionalidad de tipo "instrumental", que pierda de vista el logro de la eficacia. Aquellas propuestas de *management* que tiendan hacia el extremo de la *plenitud* sobre el eje dos serán capaces de ver que la búsqueda de la eficacia productiva conlleva, irremediablemente, a considerar de una forma o de otra la necesidad de autorrealización del ser humano como parte del *ethos* organizacional.

C) Eje tres. De la *experiencia* a la *teoría: la empresa inteligente*

La técnica que forma parte del capital –y hoy por hoy la parte más importante, incluso más que la tierra o el dinero– es resultado del trabajo acumulado por generaciones; cada adelanto tecnológico se apoya en una multitud de conocimientos previamente adquiridos, conservados y transmitidos por el trabajo y experiencia de muchas personas en sintonía colaborativa, incluso más allá de las barreras del tiempo y el espacio. Sin duda, es gracias a la *experiencia* de donde la *ciencia* y el *arte* del *management* obtienen la fuente de sus conocimientos. Pero también es verdad que dicha *experiencia* tiene que ser sistematizada y procesada hacia una *teoría* para que sea fácilmente aprovechable. Lo anterior queda debidamente plasmado dentro del tercer eje o parámetro de nuestro modelo teórico, tal como puede verse en el esquema que se encuentra al final de este apartado. Ahí, el punto de partida es nuevamente la *experiencia*, experiencia que cualquier director y administrador de empresas adquiere a lo largo de su práctica profesional. Experiencia que, a su vez, puede y debe encontrar un nuevo nivel de significación gracias a la *teoría* que la ordena, la organiza y la analiza, y que permita retomar las mejores prácticas y deseche las otras que no sean convenientes o que, peor aún, no se correspondan con un enfoque íntegro de la persona.

Por tanto, nuestro tercer eje está constituido por la comprensión de cada propuesta, vista desde su capacidad para teorizar, es decir, para explicar por causas, exponer y agrupar adecuadamente los medios necesarios para constituir y dirigir una empresa, que se han obtenido a partir de la experiencia cotidiana. Desde luego, una mejor teoría será aquella que logre una comprensión más aguda y clarificadora de los problemas, necesidades y procesos de la dirección y dinámica de una empresa, en contraposición a otra que sea más parcial o rezague algunos aspectos que a nuestro juicio son fundamentales, sobre todo los relacionados con su dimensión antropológica.

Finalmente, presentamos un esquema que muestra gráficamente el modelo con el cual, en el trabajo original, se evaluaron cada una de las siete obras de *management* mencionadas en la introducción.

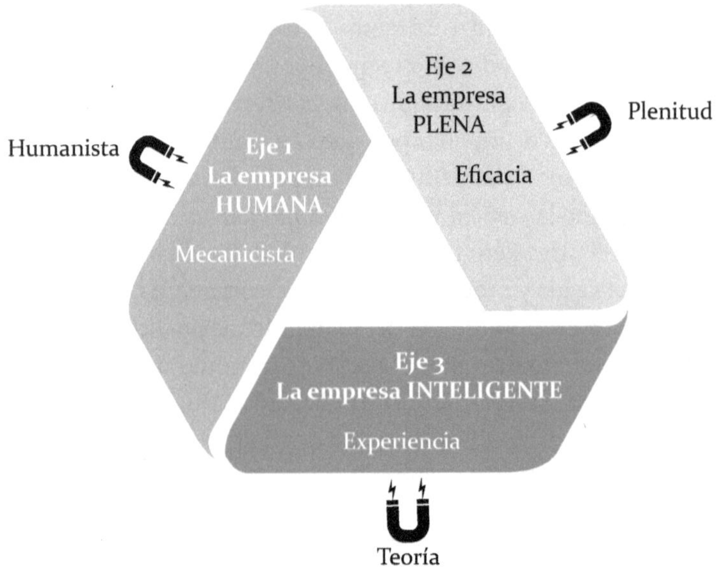

Figura 5. Modelo esquematizado gráficamente para evaluar la creación de *valor humano agregado*.

La configuración tridimensional de estos tres ejes dio como resultado un "universo", un modelo teórico que sirvió para evaluar cada una de las siete propuestas analizadas. Mediante él, nos propusimos juzgar algunas de las principales obras sobre gestión y dirección de empresas escritas durante el siglo xx, con el propósito de evaluar hasta qué punto eran capaces de considerar la creación de *valor humano agregado* como un fin propio y específico de la empresa. De este modo, mientras más se avanzara gráficamente sobre cada uno de los tres ejes mencionados, más se incluiría, desarrollaría, y sobre todo explicitaría la necesidad de crear *valor* para la persona por medio de su trabajo.

Cabe destacar que el progreso sobre cada eje, es decir, el avance en dirección de la *prâxis* como dimensión propia del trabajo (eje 1), hacia la concepción de la empresa como comunidad (eje 2), o hacia la elaboración de mejores y más humanas *teorías* (eje 3), no significa dejar de lado o abandonar la base o el punto de partida que dio lugar a dicho eje, y en cambio sí su integración y reinterpretación a la luz de la meta que se desea. Dicho de otro modo, dar un nuevo nivel de significación al punto de partida para que las metas propias de la empresa sean acordes con el desarrollo racional y moral de sus trabajadores.

Así, avanzar en el terreno de la *prâxis* no implica otra cosa que enriquecer y ampliar la noción de *poíesis*; asumir la *racionalidad teleológica* como reflejo del interés por la autorrealización de la persona en la empresa no significa dejar de lado la *racionalidad instrumental* que se enfoca únicamente en la *eficacia,* sino redirigirla, y hacer un ejercicio *teórico* sobre el ejercicio del *management* no es otra cosa que llevar a cabo una reflexión sobre su propia *práctica cotidiana o experiencial.*

Por último, cabe decir que este universo o espacio teórico en realidad está conformado por ejes que no tienen un límite que restrinja su expansión; no hay una meta precisa o bien delimitada en la que podamos afirmar con seguridad que la dimensión *práxica* de la persona se ha cubierto por completo en la empresa o que ya no se puede teorizar o aprovechar más o de mejor manera las experiencias recopiladas en la práctica. En realidad, creemos que "siempre se puede ser más" (aunque también es verdad que siempre se puede ser menos).

Esto nos lleva a resaltar una cuarta consideración: ninguna de las obras sobre *management* que vamos a analizar –y creemos que ninguna otra de las que no hayamos analizado en la presente investigación–, puede estar colocada en algún "vértice" de nuestro marco teórico o moverse exclusivamente sobre uno de los ejes. Ninguna tendencia es completamente *poiética*, pero creemos que tampoco ninguna considera plenamente el desarrollo de la dimensión *práxica* del trabajo. De igual modo, ninguna se mueve única y exclusivamente –aunque sí primordialmente– por una racionalidad técnica, aunque tampoco ninguna es capaz de alcanzar la aplicación de una racionalidad teleológica completamente satisfactoria. La posibilidad de valor en la empresa es siempre infinito, y pensamos que este modelo debe quedar abierto para darlo a entender de esa manera.

Conclusiones

¿Cuál habrá sido la primera empresa? ¿Un cavernícola haciendo sandalias con sus hijos usando la piel del animal que había cazado para intercambiarlas por sal, frutos o utensilios de barro? No lo sabemos con exactitud. Lo que sí sabemos es que, a lo largo de la historia, la empresa ha ido evolucionando y creciendo no sólo en tamaño, sino también en eficacia, eficiencia y en alcance e ideas innovadoras de progreso.[1]

La empresa a lo largo de su historia ha sido factor de cambio rápido y acelerado. Quizá el factor que explica mejor el desarrollo de la humanidad es el *management*, es decir, el saber propio de quienes dirigen empresas. El desarrollo del *management* ha hecho posible avances impensables en favor del progreso humano.

Si comparamos animales del siglo v a. C., como tigres, elefantes o leones con sus descendientes actuales, veremos que su progreso ha sido prácticamente nulo. No sucede lo mismo con el ser humano: gracias a los avances tecnológicos, el promedio de vida ha aumentado sensiblemente. Somos menos vulnerables a las enfermedades y se vive mejor en términos de productos y servicios que hacen la vida más agradable, valiosa o duradera; desde lentes para ver mejor hasta anestesia para operar; automóviles y aviones para

---

1 Entendemos por "eficacia", 'hacer lo correcto', 'lo debido'; por "eficiencia", 'hacerlo bien' de la manera más lógica, económica y con el mínimo de recursos. Por tanto, "ser eficaz" no necesariamente implica "ser eficiente"; a veces lo correcto (como en la fase inicial de la innovación) no puede ser hecho eficientemente. Asimismo, a veces podemos ser muy eficientes haciendo... lo que no deberíamos hacer.

transportarse o energía eléctrica para iluminar y moderar la temperatura; se trata de logros que en gran medida han sido posibles gracias a la actividad de las empresas.

Pero ninguno de ellos habría sido posible sin el desarrollo de un área del conocimiento que llamamos *management,* concepto que va mucho más allá de su limitada traducción como "administración", pues abarca el estudio de la empresa y cómo ésta es dirigida. Así lo podemos verificar en el diccionario inglés-español donde el término admite tanto el de administración como el de dirección, aunque quizá esté más cerca del segundo significado. Así, por ejemplo, el *General Manager* equivaldría al director general.

Aparejado al desarrollo de este campo de conocimiento, también ha evolucionado su concepción del elemento y recurso más valioso que posee la empresa: la persona. En los inicios, el trabajador era considerado un "engrane" más, que tenía fuerza en los brazos y podía hacer ciertas cosas que una máquina no. No se consideraba su capacidad intelectual sino sólo su "fuerza motriz" (o "tracción animal" como afirmaba uno de mis maestros de ingeniería), la cual debía ser retribuida según un salario que fuese conmutativamente similar; sus aspiraciones, necesidades y anhelos quedaban por completo fuera de esta ecuación.

Esta concepción no podría dar resultados aceptables o por lo menos no por mucho tiempo. La complejidad, intensidad y riqueza de su realidad exigió al *management* incorporar poco a poco como parte de su horizonte de preocupaciones e intereses tanto las capacidades intelectuales como las necesidades sociales, emocionales y espirituales de quienes en ella laboran, lo cual nos ha llevado en la actualidad a hablar con naturalidad de "empresas inteligentes" o con "capacidad de aprendizaje", epítetos que sólo son posibles por extensión de las habilidades y capacidades de las personas que trabajan en ellas. No es que la empresa sea "inteligente" o "de calidad", como algunos autores afirman. Se trata de empresas cuyos integrantes son inteligentes o trabajan cuidando que sus productos o servicios sean de calidad, tal como lo afirmó Carlos Llano en una entrevista a Fundameca (Fundación Mexicana para la Calidad Total) en 1989. Pero el concepto tiene cierta lógica y es hasta "pegajoso". Es permanente la tentación de afirmar que las empresas son inteligentes y que existen dada su gran eficacia.

Adicionalmente, se empezó a considerar la empresa como una "comunidad" donde las personas se desarrollan y se realizan; como un lugar para la acción y el desarrollo humano y no sólo para la transformación material de la sociedad. Estas dos importantes tendencias han reclamado tomar a la persona en su totalidad y no como un simple animal que aporta fuerza de trabajo a cambio de un salario; es decir, el enfoque actual exige tomar más en cuenta –como debe ser– principios antropológicos válidos y verdaderos. Todas estas razones hacen que el *management* no sea simplemente un área más de conocimiento, sino una disciplina medular si deseamos un desarrollo eficaz de las personas y de la comunidad.

Es cierto que, si atendemos a la historia de esta disciplina, y en particular a la administración científica, su primer objetivo no era el de entender mejor a la empresa, sino el de hacerla más eficaz y posteriormente, más eficiente.

La creación de riqueza siempre ha sido un fuerte motivador para las personas, pues les permite satisfacer mejor sus necesidades. Sin duda, uno de los objetivos genéricos de la empresa es la creación de riqueza. Mediante este objetivo la empresa proporciona un valiosísimo servicio a la humanidad por diversas razones: transforma recursos escasos creando satisfactores para la sociedad, pero en este proceso permite a los individuos la posibilidad de mejorar ellos mismos mediante su trabajo (ganan, se forman y hacen algo por sus semejantes). Además, al crear riqueza, la empresa obtiene recursos excedentes que pueden servir para reinvertir, crecer, desarrollar a proveedores, pagar a su personal, retribuir el riesgo tomado a sus accionistas y pagar impuestos al gobierno.

A lo largo de la historia, la manera de crear la riqueza ha ido cambiado, ha evolucionado, según lo muestra la siguiente gráfica, ideada por Teruyasu Murakami.[2]

---

2   Teruyasu Murakami es actualmente el director del Instituto de Investigaciones de Estrategia Industrial en NTT DoCoMo (el principal operador de telefonía celular en Japón). Antes fue *Senior Fellow* en el Instituto de

Figura 6. Creación de riqueza en la historia.
Adaptado de Teruyasu Murakami.

Primero estaba asociada a la agricultura (o mejor dicho a las industrias extractivas). Quien generaba riqueza era el que tenía terrenos, ganado, bosques o minas. Posteriormente, la Revolución Industrial (industrialización) cambió el esquema. Los activos (las fábricas) se volvieron los generadores de riqueza: los altos hornos para producir acero o los hornos rotatorios para producir cemento. Ahí se generaba la riqueza en esta llamada "era industrial".

A ésta la sucedió la época de intensificación de la información, aunque también puede pensarse que vino una intensificación de los servicios. La creación de riqueza ya estaba en el manejo de la información y en la

---

Investigación Nomura (también en Japón) y es el autor de una gráfica que explica muy claramente la creación de riqueza. Tom Peters muestra dicha gráfica en su libro *The pursuit of Wow!* y la comparto para sustentar la argumentación.

capacidad de ofrecer servicios. Vimos a empresas como IBM, que pasó de ser proveedora de computadoras (era una empresa industrial, de ahí su nombre original IBM: Industrial Business Machines y hasta de manejo de información) a ser una empresa de servicios. Este fenómeno sucedió también en todo el país: Estados Unidos, que fuera la enorme potencia industrial de mediados del siglo XX es ahora, mayormente, una economía de servicios, de manejo de información.

Es importante asentar que, conforme van apareciendo nuevos "modos" de crear la riqueza, los anteriores no desaparecen, sino que se modifican y mejoran (así tenemos ahora agricultura industrializada y hasta informatizada, etcétera).

¿Y en cuál etapa estamos ahora? Parece que la creación de riqueza se encuentra actualmente en las personas, lo que llamamos intensificación de creación.

La etapa de las personas

Una vez que los bienes se vuelven más baratos y disponibles, y que la información es más fácil de obtener, utilizable y aprovechable, resulta que el recurso crítico de creación de valor es, una vez más... la mente humana. Con sus capacidades de creatividad, observación, deliberación e innovación, la principal riqueza de las empresas, organizaciones y países es la calidad de las personas que los conforman. La conocida anécdota de Apple o de Microsoft, en que se afirma que sus activos (los que crean valor) todas las noches van a casa a dormir, ilustra muy bien esta idea.

Aquí está la paradoja: antes la riqueza estaba en las tierras y los animales; después, estuvo en las máquinas; posteriormente, en la información, y ahora está en las personas y sus capacidades.

En algunos casos, por ejemplo, en la India, estas etapas no necesariamente tienen que darse en ese orden; se pueden "brincar" una etapa. En India, particularmente en Bangalore, uno de los lugares de desarrollo de software más prestigiosos del mundo, se saltó de la época agrícola a la de información sin pasar por la época industrial. En la actualidad, están seguramente ya en la de creación de valor basado en la inteligencia de las personas.

Pero, en realidad, detrás de cada una de estas etapas, siempre ha habido personas. Finalmente, fue un ser humano el que empezó a desarrollar la agricultura; luego, vino la fascinación por otras dos creaciones humanas: las máquinas y las computadoras. Fascinación también por la información y, al final, regresamos a ese hombre que se vuelve el transformador por naturaleza y, en tanto que transformador, innovador y creador de valor.

Conforme avanzaban los estudios, se dieron cuenta poco a poco de que la empresa es algo más que un ente económico que crea riqueza de una manera eficaz; es también un lugar de trabajo, con todo lo que esto implica para las personas. Es precisamente aquí donde salta un hecho innegable: la empresa es eficaz, cuenta con capacidades y es generadora de *valor humano agregado*. Dicho de otra manera: al realizar su trabajo, el trabajador, si lo hace bien, se empieza a convertir (a *metamorfosear*) en una mejor persona. La empresa va así forjando el carácter de quienes en ella trabajan, reconoce su valor, le da sentido a lo que hacen, genera conocimiento y así, paralelamente a la creación de riqueza (el *valor económico agregado* de los economistas), la empresa genera *valor humano agregado* (figuras 7 y 8).

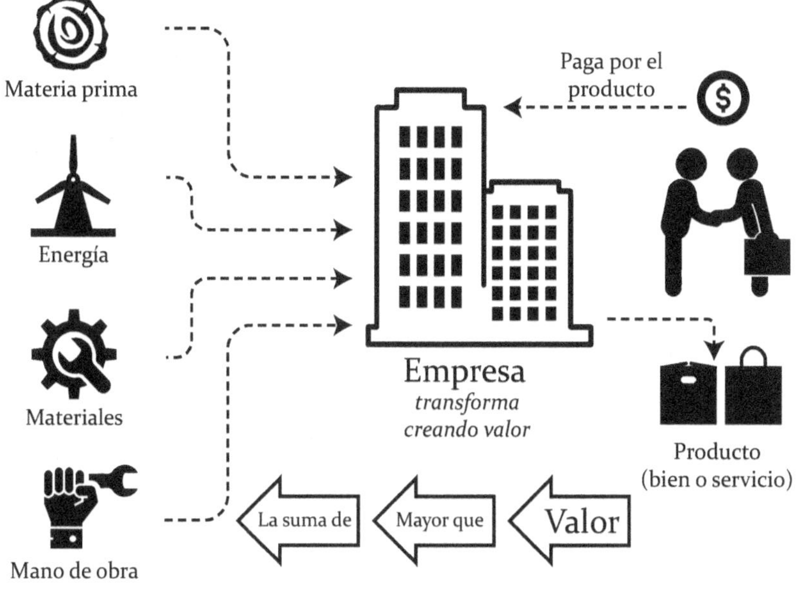

Figura 7. Creación de *valor económico agregado*.

Empresa

Figura 8. *Valor humano agregado.*

Hacia un estudio de la empresa en clave antropológica

De ahí que en este libro hayamos propuesto que el estudio de la empresa deba ser en clave antropológica. El ser humano como principal elemento y agente de la empresa ha permitido esta convergencia interesante y necesaria entre *management* y filosofía, la cual se ha tornado en cooperación fecunda para profundizar en un concepto denominado *valor humano agregado*, que encuentra en Carlos Llano y Antonio Valero sus orígenes más remotos. Un valor que consiste en forjar tanto el talante moral, como el aspecto intelectual y social de la persona. La filosofía, como disciplina madre de todas las ciencias, acostumbrada a la reflexión constante y profunda sobre las causas últimas de todas las cosas, y en particular la antropología filosófica, nos ha permitido generar, con ayuda de los conocimientos propios de las ciencias empresariales, como la economía, distintos criterios a partir de los cuales pensamos que este *valor humano agregado* toma forma y puede ser medido o apreciado. Estos ámbitos son:

1. Moral, pues la empresa es un lugar para desarrollar la virtud.
2. Intelectual, pues la empresa es un lugar para el aprendizaje, la generación de conocimientos y la innovación.
3. Social, pues la empresa es un lugar para el reconocimiento mutuo, la colaboración y la amistad.

Las empresas son organizaciones esencialmente humanas, es decir, están formadas por personas, dirigidas por personas, que ofrecen productos (bienes o servicios) para personas y que tienen un enorme impacto en la comunidad, integrada también por personas. Y es precisamente la antropología, la disciplina que se encarga de estudiar a los seres humanos para entenderlos y comprenderlos mejor.

Las empresas no son los métodos, máquinas o tecnología que están presentes en ellas. No; el principal elemento son las personas, con todas sus facultades (inteligencia, voluntad y disciplina) y su enorme capacidad de transformar, para bien, lo que le rodea. Por lo tanto, siendo las personas la pieza clave (esencial), proponemos que su estudio siempre deberá llevarse a cabo en clave antropológica.

Aristóteles decía, en el inicio de su *Metafísica*, que todos los hombres desean por naturaleza saber, y afirmaba en la *Política* que se agrupan en comunidades (organizaciones, en su tiempo ciudades) para alcanzar mejor los objetivos que se habían propuesto. Quizá las *polis* de nuestros días podrían ser las empresas. No necesariamente –o no solamente las lucrativas–, también las no lucrativas se benefician de la capacidad de creación de valor de las personas. Las personas encuentran en ambas la posibilidad de desarrollarse, precisamente, como personas.

Así como hablábamos de *valor económico agregado*, ahora estaríamos hablando de *valor humano agregado*... el crecimiento (o, mejor dicho, el mejoramiento) de las personas.

En estas conclusiones hemos fundamentado algunas ideas para entender mejor a la empresa:

1. Un lugar donde se "racionaliza" el esfuerzo y se aprovecha la inherente búsqueda de la eficacia que existe en las buenas empresas (el que llamamos "ámbito racional").

2. Un lugar donde los trabajadores, mediante la realización de su trabajo y al ir adquiriendo capacidades (si lo hacen bien, en el sentido ético), también adquirirán virtudes, y lograrán perfeccionarse (crecer) como personas (lo que hemos definido como "creación de *valor humano agregado*"). Lo llamaremos "ámbito del trabajo como acción autotransformadora".

3. Un lugar donde los trabajadores conviven con otras personas, donde interactúan con ellas, forman equipos de trabajo que persiguen fines comunes y se involucran en los resultados de toda la organización. Le llamaremos "ámbito de la dimensión social y comunitaria de la empresa".

La creación de *valor humano agregado,* pues, se trata de un postulado que a lo largo de las páginas anteriores ha tratado de ser demostrado teóricamente, a partir de la propia naturaleza y dinámica de la empresa. Aunque a primera vista la empresa económica parece ser un simple dispositivo para crear riqueza, el hecho de que esté conformada por personas, seres humanos que deben ser tomados en consideración desde una perspectiva íntegra, y no sólo desde el punto de vista del *homo economicus,* hace que ésta no permanezca ajena a las cuestiones humanas más definitivas, entre ellas, el propio deseo de realización que, en cierta medida, puede satisfacerse de diversos modos gracias al trabajo. Esto nos lleva a afirmar incluso que, cuando la empresa no logra cumplir satisfactoriamente con la vocación antropológica que le es inherente, entonces corre el riesgo de autodestruirse. Por tanto, podemos concluir que la creación de *valor humano agregado* es, además de la creación de *valor económico agregado, servicio a la sociedad* y *deseo de autocontinuidad,* la cuarta causa final –al modo aristotélico– de la empresa.

Referencias

AQUINO, Sto. Tomás de, *Comentario a la Ética a Nicómaco de Aristóteles*.

———*Comentario a la Política de Aristóteles*, trad. Ana Mallea, Pamplona, EUNSA, 2000.

———, *Suma Teológica*, Madrid, Biblioteca de Autores Cristianos (BAC) 1988.

ARISTÓTELES, *Analíticos posteriores*, II, 19, 99b32-100a 10.

———, *De ánima*, trad. Tomás Calvo Martínez, Madrid, Gredos, 1978.

———, *Física*, trad. Ute Schmidt, México, UNAM, 2001.

———, *Metafísica*, trad. Tomás Calvo Martínez, Barcelona, Gredos, 2003.

———, *Política*, Madrid, Gredos, 2000.

———, *Retórica*, 2, 4, 80f.

ARENDT, Hannah, *La condición humana*, Barcelona, Paidós, 2005.

ASPE, Virginia, *El concepto de arte, técnica y producción en Aristóteles*, México, Fondo de Cultura Económica, 1993.

ARON, Raymond, "Max Weber", en *Main Currents in Sociological Thought*, trad. R. Howard y H. Weaver, Basic Books, 1967.

BENEDICTO XVI, *Caritas in Veritate*, núm. 38.

CALVO MARTÍNEZ, Tomás, "nota 2", en Aristóteles, *Metafísica*, Madrid, Gredos, 2003.

CANTILLON, Richard, *Ensayo sobre la naturaleza del comercio en general*, México, FCE, 1950 (1ª edición original, 1755).

Compendio de la doctrina social de la Iglesia, núm. 256 y 262.

CORTINA, Adela, *Ética de la empresa. Claves para una nueva cultura empresarial*, Valladolid, España, Trotta, 2000.

DAVIS, Stan, *Future Perfect*, EUA, Basic Books, 1989.

DEL VAL NÚÑEZ, María Teresa, *Cultura empresarial y estrategia de la empresa en España*, Madrid, Rialp, 1994 (Empresa y Humanismo).

DONATI, Pierpaolo, "El desarrollo de las organizaciones del Tercer Sector en el proceso de modernización y más allá", en *Reis* 79, 1997.

FRIEDMAN, Milton, *Capitalismo y libertad*, Madrid, Rialp, 1966.

GEORGE, Claude S. y Lourdes Álvarez, *Historia del pensamiento administrativo*, 2ª ed., México, Pearson Prentice Hall, 2005.

GIMÉNEZ PÉREZ, Felipe, "La razón del Estado en Maquiavelo y el antimaquiavelismo español y particularmente en Quevedo", en *El Catoblepas, Revista Crítica del Presente*, núm. 13, 2003.

GONZÁLEZ, Ana Marta, *Claves de ley natural*, Madrid, Rialp, 2006.

GONZÁLEZ SEARA, Luis, "La responsabilidad social de la empresa", en *Revista del Ministerio de Trabajo y Asuntos Sociales*, 50 (2004).

HORKHEIMER, Max, *Crítica de la razón instrumental*, 2ª edición, Buenos Aires, Sur, 1973.

HOVARTH, Charles M., "Excellence *vs*. Effectiveness: MacIntyre's critique of business", *Business Ethics Quarterly* 5 (3), 1995.

JUAN PABLO II, *Centesimus Annus*, núm. 32.

——, *Centesimus Annus*, núm. 35.

KANT, Inmanuel, "¿Qué es la Ilustración?", *Filosofía de la historia*, México, Fondo de Cultura Económica, 2006.

LEÓN XIII, *Rerum Novarum*, II.

LEVERING, Robert, *A Great Place to Work*. Nueva York, Random House, 1988.

LLANO, Alejandro, "Hacia una teoría general de la acción", en Carné Doménech Melé, *Ética en el gobierno de la empresa*, Pamplona, EUNSA, 1996.

——, *La nueva sensibilidad*, Madrid, Espasa-Calpe, 1989.

LLANO, Carlos, *Análisis de la acción directiva*, México, Limusa Noriega Editores, 1996.

———, *Dilemas éticos de la empresa*, México, Fondo de Cultura Económica, 1997.

———, *El empresario y su acción*, México, McGraw Hill, 1991.

———, *El empresario y su mundo*, México, McGraw Hill, 1990.

———, "Hombre, empresa y sociedad", en *Istmo*, 118-119 (1970).

———, *Humildad y liderazgo*, México, Ediciones Ruz, 2004.

———, *La amistad en la empresa*, México, IPADE/Fondo de Cultura Económica, 2000.

———, *La enseñanza de la dirección y el método del caso*, México, IPADE, 1996.

———, *Sobre la idea práctica*, México, Ediciones Cruz O, 1998.

LOCKE, John, *Segundo Tratado del Gobierno Civil*, Madrid, Alianza Editorial, 1990.

MAGRETTA, Joan, *What Management Is*, Nueva York, The Free Press, 2002.

MAQUIAVELO, Nicolás, *El príncipe*, México, Porrúa, 2003.

MARSHALL, Alfred, The Principles of Economics, tomado de http://www.gestiopolis.com (consultada el 15/07/09).

MARX, Carlos, Manuscritos económicos y filosóficos, Biblioteca de Autores Socialistas, http://www.ucm.es/info/bas/es/marx-eng/index.htm (consultada el 29/07/19).

MEINECKE, Friedrich, *La idea de la razón de Estado en la edad moderna*, Madrid, Centro de Estudios Constitucionales, 1983.

MACINTYRE, Alasdair, *Historia de la ética*, Barcelona, Paidós, 1991.

———, *Tras la virtud*, trad. Amelia Varcárcel, Barcelona, Austral, 2013.

MELE, Domenec, *Ética en la dirección de empresas*, Barcelona, Folio, 1977 (Biblioteca IESE Colección de Empresa).

NARANJO, Leticia, "Felicidad y racionalidad teleológica: una aproximación aristotélica a la ética empresarial", en *Tópicos*, núm. 20, 2001.

OCHOA GODOY, Teresa, *La humanización del trabajo*, México, Jus, 1988.

PABLO VI, *Populorum Progressio*, 22.

PÉREZ LÓPEZ, Juan Antonio, *Fundamentos de la dirección de empresas*, Madrid, Rialp, 1996.

PETERS, Tom, *The pursuit of Wow!*, Nueva York, Vintage, 1994.

Pío XI, *Quadragesimo Anno*, 61.

PLATÓN, *La República*, Madrid, Gredos, 1981.

RODRÍGUEZ VALENCIA, Joaquín, *Dirección moderna de organizaciones*, Madrid, Thomson Editores, 2007.

ROSS, David, *Aristotle*, Londres, Methuen, 1971.

VALERO Y VICENTE, Antonio y José Luis Lucas Tomás, *Política de empresa. El gobierno de la empresa de negocios*, 2ª edición, Pamplona, España, Universidad de Navarra, 1991.

WEBER, Max, *Economía y sociedad*, México, FCE, 1992.

———, *La ética protestante y el espíritu del capitalismo*, México, Premià Editora, 1991.

YEPES, Ricardo, "Los sentidos del acto en Aristóteles", en *Anuario Filosófico* 25, 1992.

ZAGAL, Héctor, *Límites de la argumentación ética en Aristóteles*, México, Publicaciones Cruz O, 1996.

ZUBIRI, Xavier "El origen del hombre", en *Revista de Occidente*, Madrid, agosto 1964.

Este libro se imprimió en la Ciudad de México
el 7 de diciembre, aniversario de la promulgación
de la Const. pastoral *Gaudium et Spes,* documento
fundamental del Concilio Vaticano II sobre
la dignidad de la persona, en la imprenta
Ultradigital Press, S.A. de C.V.